El historial
antiobrero
de los Clinton

# TAMBIÉN DE JACK BARNES

LIBROS Y FOLLETOS

¿Son ricos porque son inteligentes? Clase, privilegio y aprendizaje en el capitalismo (2016)

Malcolm X, la liberación de los negros y el camino al poder obrero (2009)

Cuba y la revolución norteamericana que viene (2007)

Su Trotsky y el nuestro (2002)

Malcolm X habla a la juventud (2002)

La clase trabajadora y la transformación de la educación (2000)

El desorden mundial del capitalismo (2000)

El rostro cambiante de la política en Estados Unidos (1999)

DE LAS PÁGINAS DE 'NUEVA INTERNACIONAL'

Ha comenzado el invierno largo y caliente del capitalismo (2005)

Nuestra política empieza con el mundo (2005)

El imperialismo norteamericano ha perdido la Guerra Fría (1999)

Los cañonazos iniciales de la tercera guerra mundial (1991)

La política de la economía: Che Guevara y la continuidad marxista (1991)

The Fight for a Workers and Farmers Government in the US (1985)

COLECCIONES E INTRODUCCIONES

Rebelión Teamster/Dobbs (2004)

La historia del trotskismo americano/Cannon (2002)

The Eastern Airlines Strike/E. Mailhot (1991)

FBI on Trial (1988)

# El historial antiobrero de los Clinton

## POR QUÉ WASHINGTON LE TEME AL PUEBLO TRABAJADOR

JACK BARNES

**PATHFINDER**
NUEVA YORK   LONDRES   MONTREAL   SYDNEY

EDITADO POR: Steve Clark

Texto en español a cargo de Martín Koppel

Copyright © 2016 por Pathfinder Press
Todos los derechos reservados conforme a la ley / All rights reserved

ISBN 978-1-60488-094-6
Número de Control de la Biblioteca del Congreso
(Library of Congress Control Number) 2016961454

Impreso y hecho en Estados Unidos de América
Manufactured in the United States of America

DISEÑO DE LA PORTADA: Eva Braiman

FOTOS DE LA PORTADA: Izquierda: El presidente William Clinton firma ley que cumplió la brutal promesa de "acabar con la asistencia social tal como la conocemos", 22 de agosto de 1996, en los jardines de la Casa Blanca. Está acompañado de tres personas que habían recibido Ayuda a Familias con Hijos Dependientes (AFDC): Penelope Howard (derecha), Janet Errel (atrás) y Lillie Harden (izquierda), quien presentó a Clinton en la ceremonia.

En 2002, tras sufrir un derrame cerebral, a Harden le denegaron el Medicaid, que ella había recibido mientras obtenía pagos de AFDC, y no pudo pagar por una receta médica de 450 dólares mensuales. Cuando un periodista le preguntó en 2005 sobre la promesa de Clinton de ofrecer "asistencia social a cambio de trabajo", Harden dijo que "al final no me resultó". Harden falleció en 2014 a los 59 años. (J. Scott Applewhite/AP)

Derecha: El presidente Barack Obama y Hillary Clinton con otros altos funcionarios de la administración y del Pentágono en la sala de guerra en la Casa Blanca durante ataque ejecutado el 1 de mayo de 2011 en que Fuerzas Especiales estadounidenses asesinaron a Osama bin Laden. Están viendo un video transmitido desde un dron teledirigido que sobrevolaba la casa donde vivían bin Laden y su familia en Abbottabad, Pakistán. (Oficina de Prensa de la Casa Blanca)

CARICATURA EN LA PÁGINA 17: Reproducida con autorización de *Grant's Interest Rate Observer*, copyright 2016.

**PATHFINDER**
www.pathfinderpress.com
E-mail: pathfinder@pathfinderpress.com

A

TOM FISKE
(1943–2015)

*y*

FRANK FORRESTAL
(1954–2015)

◆

*Dirigentes de por vida
del movimiento comunista*

*Para quienes la clase y la política
eran una unidad*

# TABLA DE MATERIAS

Acerca de Jack Barnes   9

Introducción
*Steve Clark*   11

I – 'Acabar con la asistencia social tal como la conocemos'
*(Marzo de 2001)*   29

II – Las raíces de la crisis financiera mundial de 2008
*(Mayo de 2008)*   75

III – Cómo los Clinton maquillaron las cuentas
*(Mayo de 2008)*   91

Índice   107

Recuadros, fotos e ilustraciones (página siguiente)

**Recuadros, fotos e ilustraciones**

| | |
|---|---:|
| 'Reforma de la asistencia social': su impacto en la clase trabajadora | 37 |
| Mapa: Distancia a clínicas de aborto, 2015 | 44 |
| Una victoria contra ataques a los derechos de la mujer | 45–46 |
| La Reconstrucción Radical y el derecho al voto | 48 |
| EEUU: Principal carcelero del mundo… y el gran verdugo | 53–54 |
| Deportaciones, 'E-Verify' y la migra | 57–58 |
| Expansión de la OTAN y provocaciones de EEUU con misiles | 63–64 |
| Ataques de la OTAN contra Yugoslavia dirigidos por Washington | 66 |
| Victoria en lucha mundial para liberar a los Cinco Cubanos | 68–69 |
| Cuarta Enmienda bajo ataque | 71 |
| La depresión a fuego lento del capitalismo mundial | 77–78 |
| Campaña del Partido Socialista de los Trabajadores contra el imperialismo y la guerra | 80 |
| 'Rescates' de bancos y unicornios | 85 |
| ¿Suben demasiado despacio los precios? | 98–99 |
| La clase trabajadora norteamericana se está achicando | 101–102 |
| Cómo hacen desaparecer a los desempleados | 104 |

## ACERCA DEL AUTOR

**JACK BARNES** es Secretario Nacional del Partido Socialista de los Trabajadores. Ha sido miembro del Comité Nacional del partido desde 1963 y su Secretario Nacional desde 1972. Es un editor contribuyente de la revista *Nueva Internacional*.

Barnes se unió a la Alianza de la Juventud Socialista (AJS) en diciembre de 1960, unos meses después de un viaje a Cuba en julio y agosto de ese año. A su regreso, ayudó a organizar en Carlton College, Minnesota, uno de los capítulos más grandes y activos del Comité Pro Trato Justo a Cuba. En mayo de 1961 se unió al Partido Socialista de los Trabajadores.

Siendo organizador del PST en Chicago y organizador de la AJS en el Medio Oeste, Barnes fue uno de los dirigentes centrales de la exitosa campaña de cuatro años para defender a tres miembros de la AJS en Bloomington, Indiana, acusados en mayo de 1963 de "congregarse" para abogar por el derrocamiento del Estado de Indiana por la fuerza y la violencia.

En 1965 fue elegido presidente nacional de la AJS y llegó a ser director del trabajo del PST y la AJS para impulsar el creciente movimiento contra la guerra de Vietnam. En enero de ese año se reunió dos veces con Malcolm X para una entrevista que se publicó en la revista *Young Socialist*.

Desde mediados de los años 70, Barnes ha dirigido el trabajo del Partido Socialista de los Trabajadores —y ha colaborado con otros a nivel mundial— para forjar partidos proletarios en los cuales la gran mayoría de los miembros y dirigentes son obreros industriales y sindicalistas que participan activamente en la labor de propaganda y trabajo político comunista en la clase trabajadora. Esta trayectoria de forjar partidos que impulsan un curso revolucionario hacia el poder obrero y la lucha por el socialismo a nivel mundial está documentada en artículos y colecciones de discursos y escritos de Barnes, algunos de los cuales se señalan en la lista al principio de este libro.

# Introducción

"DEPLORABLES". "IRREDIMIBLES". Estos son los desdeñosos rótulos que Hillary Clinton les puso a millones de trabajadores en Estados Unidos que están viviendo y tratando de trabajar en medio del desgastante declive del capitalismo.

Este libro trata sobre esos millones y otros como nosotros en todo el mundo. Plantea por qué hoy estamos en el centro del escenario político y estaremos más y más en el centro en los meses y años después de que la nueva administración norteamericana tome posesión el 20 de enero de 2017.

Las actitudes tan arraigadas de Clinton, que ella dejó escapar en uno de esos raros momentos en que se salió del guión ante partidarios adinerados durante un evento para recaudar fondos en Manhattan, revelaron lo que ya saben muy bien millones de personas entre el pueblo trabajador. Durante más de dos décadas los trabajadores y nuestras familias hemos vivido las consecuencias del inquilinato de los Clinton en la Casa Blanca entre 1993 y 2001, cuando ellos convirtieron en su emblema la brutal campaña para acabar con la "asistencia social tal como la conocemos". Y cuando impulsaron la aprobación de leyes como la grotescamente denominada "Ley de Antiterrorismo y Pena de Muerte Eficaz", que ha tenido un impacto devastador en familias obreras, especialmente las de africano-americanos.

*El historial antiobrero de los Clinton: Por qué Washington le teme al pueblo trabajador*, por Jack Barnes, secretario nacional del Partido Socialista de los Trabajadores, reúne en un mismo lugar este y otros capítulos de los últimos 25 años de la trayectoria, impulsada por el afán de lucro, de los Clinton y otros sirvientes políticos de la clase gobernante capitalista en Estados Unidos.

Barnes describe el costo humano que esto ha significado para el pueblo trabajador en Estados Unidos, incluido el desmantelamiento de la exigua "red de protección social" que la clase trabajadora conquistó en Estados Unidos en reñidas batallas a través de las décadas. Explica lo que un creciente número de trabajadores ya percibe que nos está pasando, por más que lo nieguen los ricos y poderosos. Estamos pasando por una contracción económica y crisis financiera a fuego lento: una crisis capitalista global que ninguno de nosotros ha visto jamás.

Y es el pueblo trabajador en todo el mundo el que carga con el mayor peso de esa creciente calamidad social.

Según revelan las palabras de Clinton, por primera vez en muchas décadas los capitalistas estadounidenses y su gobierno han empezado a *temerle* a la clase trabajadora. No porque ya estén ocurriendo masivas luchas obreras como las que forjaron los sindicatos industriales en los años 30 o como las batallas de base proletaria por los derechos de los negros en los años 50 y 60 que derrotaron la segregación y el terror del sistema *Jim Crow*. Aún no existe una amplia politización de la clase trabajadora en Estados Unidos.

Nos temen porque reconocen que un mayor número de trabajadores están empezando a ver que los patrones y sus partidos políticos no tienen "soluciones" más allá de imponernos aún más a *nosotros* el costo —monetario y humano— de la crisis de *su* sistema. Desde el derrumbe financiero y la contracción económica de 2008-09, más y más trabajadores y agricultores están participando en debates amplios y airados sobre esta realidad capitalista. Aunque nadie puede prever cuándo sucederá, los capitalistas financieros y los profesionales bien remunerados a su servicio perciben que nos deparan crecientes luchas: *luchas de clases.*

Ni Washington ni Wall Street dispone de un curso político que pueda contener las explosivas consecuencias internacionales de las contradicciones financieras y bancarias del capitalismo. Y ninguno de sus aliados o rivales capitalistas, desde Londres a Berlín y Tokio, dispone de dicho curso.

Ni uno solo de ellos sigue políticas que puedan dar marcha atrás a la caída de la producción y del comercio capitalista y de la contratación, situación que está asolando la vida y el sustento de los trabajadores, los pequeños agricultores y nuestras familias. Ninguno de ellos puede revertir la actual disminución del tamaño de la clase trabajadora activa, la creciente edad a la cual los jóvenes empiezan una vida productiva independiente y el retraso en la formación de familias capaces de mantener un techo sobre sus cabezas y poner comida en la mesa.

¿Por qué? *Porque no existen esas políticas.* Lo que acontece en el mundo de hoy no es el resultado de "fracasos" de las políticas de la Casa Blanca, del Congreso, de la Reserva Federal o de una Corte Suprema cada vez más miserablemente politizada y engreída. Es el resultado del funcionamiento mismo del capitalismo. Y contra ese objetivo debemos dirigir nuestro fuego, no contra chivos expiatorios que los demagogos reaccionarios usan para desviar nuestras energías.

Reducciones en las tasas de interés a casi cero (o por debajo de cero). La compra de enormes cantidades de valores públicos (y más adelante, de acciones y bonos corporativos). Nuevos "reglamentos" para ponerles frenos a los bancos y las industrias. Un gran aumento en los gastos deficitarios. Y hasta enormes desembolsos para la guerra, como los 5 billones (millones de millones) de dólares que ya se han gastado en las operaciones militares norteamericanas en Iraq, Afganistán y otros países desde 2001. Estas políticas quizás puedan *aplazar* o *amortiguar* temporalmente las consecuencias del próximo descalabro, pero no pueden ni podrán *prevenirlo*. Ni mucho menos "estimular" el crecimiento económico y la contratación.

El capitalismo hace mucho tiempo se convirtió en un sistema global. Las familias dominantes estadounidenses y sus rivales en Europa y el Pacífico hacen intentos incesantes de maximizar sus propias ganancias a nivel mundial. El resultado son crecientes matanzas y el despojo de millones de seres humanos. Desde Afganistán hasta Iraq, Siria y Yemen; desde Somalia y Sudán hasta grandes extensiones de África y otras regiones. El planeta se ha convertido en un mar de refugiados, cuyos números y privaciones no han sido vistos desde el final de la Segunda Guerra Mundial.

Es un mundo donde la superexplotación imperialista engendra y perpetúa no solo el analfabetismo y aplastantes niveles de mortalidad infantil y materna, sino aterradoras epidemias de enfermedades prevenibles. La crisis del ébola en África occidental en 2014, del cólera en Haití en 2010 y nuevamente en 2015 y 2016, del virus del zika por toda América Latina y el Caribe, incluido Puerto Rico, la colonia norteamericana esclavizada por las deudas. Estas son apenas las más recientes. El imperialismo deja a centenares de millones sin agua potable, sistemas de saneamiento, electricidad y alimentación, desde Guatemala hasta Bangladesh, Nigeria y Filipinas.

En medio de esta creciente pesadilla nacional e internacional, los políticos de los dos principales partidos capitalistas, así como los medios de comunicación burgueses, se dedican a propagar una campaña difamatoria según la cual números masivos entre el pueblo trabajador de Estados Unidos son "racistas, sexistas, homofóbicos, xenófobos, islamofóbicos, lo que quieran", como dijo Hillary Clinton en su discurso para recaudar fondos en septiembre de 2016. No solo son "deplorables", dijo. Aún más importante, "son irredimibles".

Pero lo que la campaña electoral de 2016 ha registrado —de formas parciales y distorsionadas, como sucede con todos los fenómenos electorales burgueses— tiene poco que ver con la vulgar y humillante denigración, por parte de Donald Trump, de las mujeres, los inmigrantes, los musulmanes y otros. Esa no es la razón por la cual millones de los que Hillary Clinton considera "irredimibles" han votado por él. En realidad, un número aún mayor ha rehusado votar por ella o por él.

Lo que se ha registrado es algo diferente: durante mucho tiempo el sistema bipartidista burgués no ha ofrecido nada más que esperanzas aplastadas. En 2016, millones están emitiendo votos por lo que esperan que pudiera ser un cambio. Muchos otros, disgustados, ya han decidido simplemente abstenerse esta vez, por lo menos en la parte superior de la boleta.

Ya sean los miles de millones de Trump, o los centenares de millones acumulados por los Clinton y su fundación en los 15 años desde que ocuparon la Casa Blanca, la riqueza de ambos candidatos de los partidos burgueses depende de las relaciones sociales capitalistas que ellos promueven con orgullo. Y las ganancias que ellos sacan dependen de la *competencia* y las *divisiones* entre los trabajadores. Despidos y desempleo. Convenios con múltiples escalas salariales y trabajos combinados. Discriminación racista. La condición de segunda clase de las mujeres. El temor constante a la brutalidad policial. La condición de paria de los trabajadores inmigrantes y refugiados. Sangrientas guerras y operaciones militares para proteger los intereses del imperialismo norteamericano en ultramar. Sin las despiadadas relaciones de clase inherentes al capitalismo, *miles de millones* de dólares en ganancias que se embolsan los patrones, año tras año, se evaporarían.

Ellos se enriquecen explotando nuestra mano de obra y manteniéndonos divididos. Es el funcionamiento normal y reglamentado de la producción y distribución capitalista —y del poder estatal que defiende la explotación y la opresión— que corroe la solidaridad obrera.

*Eso es lo deplorable.*

◆

Independientemente del resultado de las elecciones presidenciales y congresionales en 2016, la estabilidad del sistema partidista burgués en Estados Unidos ha sufrido un golpe sin precedentes. No se ha visto nada comparable desde que se consolidó la dominación de los partidos Demócrata y Republicano en la política capitalista durante el ascenso de la nueva potencia imperialista hace más de un siglo.

Para que el sistema bipartidista funcione efectivamente a favor de la clase gobernante, tiene que existir un "mal

HERB BLAUSTEIN/GRANT'S INTEREST RATE OBSERVER

"Ella es peor... Él es peor".

menor". Y los males menores tienen que alternarse: un demócrata durante unos mandatos, después un republicano, turnándose una y otra vez. Así ha funcionado durante décadas como válvula de escape muy eficaz para desahogar la rabia entre el "electorado".

Pero no es lo que sucedió en 2016.

Nunca antes se había visto que los candidatos presidenciales de ambos partidos capitalistas principales provocaran tanta desconfianza, disgusto y rechazo entre el pueblo trabajador, los jóvenes y amplias capas de la clase media baja. La caricatura lo dice todo. *¡Ambos carteles atinan perfectamente!* No hay un mal menor.

Y las condiciones de crisis que han producido esta sacudida del sistema bipartidista burgués no van a desaparecer. Están empeorando.

Lo inédito de 2016 es cómo ha quedado expuesto algo que la clase dominante norteamericana ha logrado opacar en gran medida durante muchas décadas. Se ha demostrado en la vida que el sistema electoral burgués en Estados Unidos está amañado: sí, amañado a favor de los propietarios gobernantes y su extensa meritocracia cobradora de rentas. La gran mayoría de las familias dominantes —que a menudo son catalogadas erróneamente como "el establishment" o la "élite política" por quienes pretenden ocultar su carácter de clase— dejaron claro unos meses antes de los comicios de noviembre que se habían propuesto usar la televisión, la prensa y cualquier garrote que pudieran encontrar para garantizar la derrota de Trump.

Ya cuando fue aplastado el reto que Bernie Sanders presentaba contra Hillary Clinton en las elecciones primarias, las nuevas generaciones de trabajadores y jóvenes recibieron una muestra de lo que las poderosas fuerzas burguesas pueden hacer y harán cuando han decidido de antemano el resultado de una nominación o elección.

Las capas dominantes y los altos círculos a su servicio se guían por diferentes reglas y normas morales. La descripción que usa Trump de "Hillary mentirosa" es incorrecta solo porque deja libre de culpa a muchísimos otros, de ambos partidos capitalistas. Tanto Sanders como Trump denunciaron el sistema "amañado", cuyo juego ellos mismos han jugado y aprovechado complacidamente durante muchos años, y lo seguirán haciendo. Pero a millones de trabajadores se les han abierto los ojos, no a misteriosas conspiraciones, sino al funcionamiento cotidiano de la política burguesa en Estados Unidos y, de una forma u otra, en todo el mundo.

La anterior estabilidad del fraudulento juego bipartidista no será restaurada.

◆

Los ocho años de los Clinton en la Casa Blanca, de 1993 a 2001, dieron inicio a la trayectoria antiobrera que continuó con administraciones demócratas y republicanas de dos mandatos cada una, las de George W. Bush y de Barack Obama. Los hechos presagian lo que le espera al pueblo trabajador en los próximos años, no importa cuál de los candidatos gane.

El ejemplo más patente de esta trayectoria fue la "reforma de la asistencia social" de la administración Clinton en 1996, que redujo el porcentaje de las familias debajo del nivel oficial de pobreza que recibían beneficios en efectivo del gobierno: de casi el 70 por ciento al 23 por ciento en 2015. Hillary Clinton, quien dice "que la defensa de los niños y las familias ha sido la causa de mi vida", continúa justificando esta ley cruel hasta el día de hoy.

Los Clinton y sus partidarios prometieron empleos en vez de asistencia social. Pero los empleos se han escurrido y la "red de protección" desapareció.

El ex senador estadounidense Daniel Patrick Moynihan dijo hace 20 años que la administración Clinton pasaría "a la historia como la que abandonó, y abandonó con entusiasmo, el compromiso nacional con los niños dependientes". No podía estar más acertado.

El precio del seguro médico bajo la Ley de Cuidado de Salud *in*-Asequible de la administración Obama se va a disparar en 2017 en muchos estados —con alzas que varían entre el 30 y el 60 por ciento— y un millón y medio de trabajadores perderán sus planes actuales. No obstante, tanto Clinton como Trump continúan oponiéndose a la atención médica universal financiada por el gobierno. Trump dice que él va a "revocar y reemplazar el "Obamacare" totalmente, lo cual amenaza con aumentar los más de 30 millones de personas que no tienen seguro médico de ningún tipo, mientras que Clinton promete vagamente "arreglar lo que no funciona". Pero fue la "Ley de Seguridad de la Salud" de 1993 de los mismos Clinton, derrotada por un Congreso controlado por los demócratas, la que sirvió de modelo. Así se ha mantenido el cuidado médico de los trabajadores a la merced de las ganancias de las enormes empresas farmacéuticas y las compañías de seguros y hospitales —que están más y más entrelazadas— y de los drásticos aumentos de precios en todos los aspectos de la atención médica.

Los años de los Clinton se caracterizaron, entre otras cosas, por el aumento más grande en la población penal estatal y federal de cualquier presidencia de dos mandatos (un alza del 60 por ciento entre 1993 y 2001). Su administración presidió el mayor número anual de deportaciones en la historia de Estados Unidos (1.8 millones). Leyes apoyadas y promulgadas por la Casa Blanca de los Clinton ampliaron enormemente el número de delitos federales sujetos a la pena capital, una medida defendida tanto por Hillary Clinton como por Donald Trump.

Ninguna persona que vio la máquina de los Clinton organizar a los delegados en la convención demócrata de 2016 para que clamaran "¡USA! ¡USA!" en un intento de acallar a los delegados que coreaban "¡No más guerras!" se sorprenderá al saber que fue la administración Clinton la que acuñó la descripción chauvinista del USA imperialista como "la nación indispensable". (Ni tampoco se sorprenderá de que la primera vocera de la administración Clinton que anunció esa mentira en los años 90 fuera su secretaria de estado Madeleine Albright, quien durante las elecciones primarias de 2016 advirtió que "hay un lugar especial en el infierno" para las mujeres que no apoyan a Hillary Clinton).

Clinton ha hecho repetidos llamamientos a crear una "zona de exclusión aérea" sobre Siria, una política que solo puede ser implementada si Washington está dispuesto a derribar los aviones de combate de Moscú: un conflicto militar directo con Rusia. Esta postura coincide con su apoyo a la cadena de guerras y operaciones militares que se ha extendido, durante un cuarto de siglo, desde Libia hasta Iraq, Afganistán y Pakistán. En estos conflictos que se van propagando —incluidas las campañas de bombardeos y "operaciones especiales" que los Clinton organizaron en Iraq, Yugoslavia y Somalia entre 1993 y 2001— ya han muerto o sufrido lesiones paralizantes centenares de miles de personas, de todos los bandos. Y se avizora una mayor expansión.

◆

Fue durante los dos mandatos de los Clinton que se tomaron algunas de las medidas más severas para intensificar los intentos —que los gobernantes imperialistas norteamericanos han llevado a cabo durante décadas— de derrocar la revolución socialista en Cuba. Esa trayectoria también se detalla en *El historial antiobrero de los Clinton*.

La brutal guerra económica que Washington libra contra el pueblo trabajador cubano se intensificó con la aprobación de las medidas conocidas como las leyes Torricelli y Helms-Burton, esta última promulgada por Clinton. Esto ocurrió cuando habían desaparecido abruptamente las relaciones que Cuba había mantenido durante décadas con la URSS y Europa Oriental, y la Revolución Cubana enfrentó —y superó— la mayor prueba en su historia.

La administración Clinton hizo la vista gorda ante las provocaciones de contrarrevolucionarios basados en Florida que sobrevolaban la isla, violando su espacio aéreo con la esperanza de inducir acciones defensivas del gobierno cubano que Washington pudiera usar como pretexto para lanzar represalias, incluyendo actos bélicos. Washington no hizo nada para detener estos repetidos atentados contra la soberanía cubana. Al mismo tiempo, el Departamento de Justicia de los Clinton fabricó acusaciones falsas y encerró en prisiones federales a cinco revolucionarios cubanos residentes en Florida que trabajaban para el gobierno cubano a fin de prevenir estas provocaciones y actos violentos contra el pueblo cubano. Tres de ellos recibieron sentencias de cadena perpetua.

Los gobernantes norteamericanos temen el historial de la revolución socialista cubana por la misma razón que temen a la clase trabajadora estadounidense. Siembran mentiras y calumnias contra Cuba por la misma razón que lo hacen contra nosotros. Ante todo, temen a los trabajadores y agricultores que hicieron y que defienden la revolución socialista en Cuba, y a su dirección comunista, *por el ejemplo que han sentado*. El ejemplo que demuestra que nosotros sí podemos superar las divisiones que ellos siembran entre nosotros, de que sí podemos hacer una revolución socialista y establecer un gobierno que actúe a favor de nuestros intereses de clase. De que sí podemos solidarizarnos activamente con las luchas del pueblo trabajador en todo el mundo. De que los trabajadores sí podemos y vamos a transformarnos, cambiando lo que somos capaces de hacer al tomar el poder y transformar la sociedad.

Para tomar el ejemplo de una de las conquistas más conocidas de la Revolución Cubana, no solo cambiará la *prestación* de atención médica. No es simplemente que todos tendrán acceso universal a clínicas, hospitales y medicamentos. Aún más importante, a medida que desarraiguemos las relaciones sociales capitalistas de "sálvese quien pueda" —la explotación de un ser humano por el otro— los que se capacitarán bajo esas relaciones sociales transformadas se convertirán en seres humanos diferentes. *Eso* es lo que hará posible la transformación del cuidado médico.

Y ese ejemplo es lo que más teme la clase dominante estadounidense acerca de la Revolución Cubana.

◆

Durante las elecciones norteamericanas en 2016, el Partido Socialista de los Trabajadores ha llevado a cabo una campaña obrera postulando a Alyson Kennedy para presidente y Osborne Hart para vicepresidente, así como a candidatos para gobernador y el Senado federal por todo el país desde California hasta Washington, Nueva York y Florida. Al contrario de Hillary Clinton, Donald Trump, Bernie Sanders y otros candidatos capitalistas —todos los cuales abordan al pueblo trabajador como *objetos* de la política del gobierno y no como *creadores* del cambio político revolucionario— los candidatos del Partido Socialista de los Trabajadores y sus partidarios han hecho campaña junto a otros trabajadores. Lo han hecho en marchas y protestas contra policías asesinos, en líneas de piquetes y otras acciones sindicales, y sobre todo —día tras día y de región en región— en pórticos y puertas de barrios obreros por todo Estados Unidos y Puerto Rico.

Hacer campaña de manera indiferenciada entre la clase trabajadora no es algo que el Partido Socialista de los Trabajadores hace principalmente en épocas electorales. Es algo que hacemos durante todo el año. Conversamos con otros trabajadores sobre un curso de lucha revolucionaria y los acompañamos en manifestaciones, huelgas, eventos políticos y otras actividades, tanto pequeñas como grandes. Subrayamos que la política del resentimiento es un callejón sin salida, reaccionario y autodestructivo. Discutimos cómo nuestra clase puede emprender un curso de acción política a partir de nuestros intereses de clase, y no los de nuestros patrones capitalistas, su gobierno y sus partidos, y por qué necesitamos nuestro propio partido para lograr eso. A todos les decimos: nuestro partido es su partido, si está de acuerdo, únase a nosotros para luchar por este futuro.

Una cosa sí es impresionante por su amplitud y profundidad: desde los embates del colapso de 2008–09, hay una creciente receptividad entre el pueblo trabajador para intercambiar y debatir sobre las cuestiones políticas y sociales más amplias que enfrentan nuestra clase, nuestros sindicatos y nuestros aliados. En todas partes, los trabajadores buscan una explicación del declive desgastante y destructivo del capitalismo y, aún más importante, de cómo trazar un camino para combatir las consecuencias de este declive.

Es por eso que libros como *El historial antiobrero de los Clinton* tienen una importancia especial. Cuando uno lo lee, se asombra una y otra vez porque los tres artículos que contiene se publicaron en versiones anteriores hace más de ocho años en el número 8 de la revista *Nueva Internacional*. Uno de ellos está basado en una charla que Jack Barnes dio hace más de 15 años. ¡Pero sus palabras parecen como si las hubiera dicho hoy!

Las fotos, ilustraciones, gráficos y datos nuevos que se incorporaron actualizan tendencias que ya eran evidentes desde la década de 1990.

Este libro es uno de los tres publicados por la editorial Pathfinder durante este año electoral para ayudar al pueblo trabajador a abordar los transcendentales problemas políticos ante los cuales nosotros y otros trabajadores necesitamos respuestas para luchar más efectivamente y ganar. Este título se sitúa junto a *¿Son ricos porque son inteligentes? Clase, privilegio y aprendizaje en el capitalismo*, también por Jack Barnes, y *¿Es posible una revolución socialista en Estados Unidos? Un debate necesario entre trabajadores*, por Mary-Alice Waters, dirigente del PST. Los tres libros se fundamentan políticamente en otra obra de Barnes: *Malcolm X, la liberación de los negros y el camino al poder obrero*, publicada en 2009 en el momento álgido de la paralizante crisis financiera.

Además de las traducciones al español y al francés que se podrán utilizar a nivel mundial, estos libros están siendo traducidos en Irán al idioma farsi (persa). Serán distribuidos ampliamente en librerías y bibliotecas en Irán y más allá de sus fronteras. Su amplia difusión muestra que el alcance y la explosividad de la crisis capitalista, y la respuesta del pueblo trabajador a sus consecuencias, son verdaderamente de alcance mundial.

◆

Cuando se fundó la primera organización comunista moderna en 1847, los trabajadores de Alemania, Gran Bretaña y otros países que la iniciaron reclutaron a dos jóvenes revolucionarios que se llamaban Carlos Marx y Federico Engels. Les pidieron que ayudaran a redactar un programa de fundación (que conocemos hoy como el Manifiesto Comunista) y un conjunto de reglas organizativas que consideraban esenciales para librar una lucha exitosa por la realización de ese programa. La segunda de las condiciones para ser miembro era tener "energía y entusiasmo revolucionario en la propaganda".

El propósito de *El historial antiobrero de los Clinton* y los dos títulos complementarios es de brindar nuevas herramientas políticas a los trabajadores que —en medio de las crecientes crisis así como las oportunidades para forjar un partido obrero— los leerán, los compartirán yendo de puerta en puerta en barrios obreros y los usarán en la lucha, con precisamente esa energía y entusiasmo.

*Steve Clark*
23 DE OCTUBRE DE 2016

---

**STEVE CLARK** es miembro del Comité Nacional del Partido Socialista de los Trabajadores y director editorial de Pathfinder Press.

PRIMERA PARTE

# 'Acabar con la asistencia social tal como la conocemos'

*(Marzo de 2001)*

PRIMERA PARTE

# 'Acabar con la asistencia social tal como la conocemos'

(MARZO DE 2001)

LOS CLINTON POR FIN han dejado la Casa Blanca. Desde el inicio de la campaña presidencial de 1992, el Partido Socialista de los Trabajadores insistió en que "Bill" Clinton sería un presidente bélico, un presidente carcelero, un presidente de la pena de muerte. Como todos sus antecesores, sería un presidente cuya trayectoria a nivel nacional e internacional respondería a los intereses de clase de las familias dominantes de Estados Unidos. Ante todo insistimos en que los Clinton no habían sido, ni serían, amigos de la clase trabajadora ni en la ciudad ni en el campo.

Con igual seguridad podemos decir lo mismo del sucesor de Clinton, George W. Bush, y del Congreso, tanto entonces como ahora.

El acto emblemático de la arremetida antiobrera de la administración Clinton, que esta llevó a cabo conjuntamente con un Congreso mayoritariamente republicano, fue la desdeñosamente llamada Ley de Reconciliación de la Responsabilidad Personal y la Oportunidad de Empleo, promulgada en 1996. Esta brutal medida antiobrera eliminó la Ayuda a Familias con Hijos Dependientes (AFDC), impuso un tope federal de cinco años a los pagos de asistencia social que una familia puede recibir en toda la vida y permitió que los gobiernos estatales reduzcan ese tope aún por debajo de cinco años. Los estados que reciben "subvenciones federales" (*block grants*) bajo el nuevo programa de Asistencia Temporal para Familias Necesitadas (TANF) *no están* obligados a usar esos fondos para dar beneficios en efectivo a las familias, y con más y más frecuencia no lo hacen.

La "reforma" fue una encarnación de la reaccionaria promesa electoral que Clinton hizo en 1992 de "acabar con la asistencia social tal como la conocemos", pero también fue algo más. Fue el mayor éxito de los gobernantes hasta la fecha al comenzar a socavar federal del Seguro Social: una concesión que se le arrancó a la clase patronal en los años 30 como producto secundario de las masivas luchas obreras que forjaron los sindicatos industriales e impulsaron la incorporación de los africano-americanos a los empleos industriales. Estas conquistas se ampliaron mucho en los años 60 y 70, cuando el poderoso movimiento —de base proletaria— por los derechos de los negros y sus extensas ramificaciones sociales le arrancaron a la clase dominante otros importantes logros: el Medicare, el Medicaid, el programa de Ingreso Suplementario de Seguridad (SSI), beneficios por discapacidad y ajustes por el aumento del costo de vida.

Con la "reforma de la asistencia social" de los Clinton, se le negó explícitamente a los inmigrantes sin "papeles" no solo los beneficios de TANF sino los cupones de alimentos, el Medicaid y el SSI. Hasta los inmigrantes con residencia "legal" (o sea, con "tarjeta verde") fueron excluidos de recibir los cupones de alimentos y beneficios federales por discapacidad. Se les negó "el derecho" de recibir el TANF y el Medicaid por cinco años, y después de ese plazo quedaron a merced de los gobiernos estatales.[1]

La ley de asistencia social de Clinton —no solo sus disposiciones básicas sino hasta el *nombre*— fue tomada en su totalidad de una cláusula del llamado Contrato con América (Contract with America), prometido por la mayoría republicana encabezada por Newt Gingrich que ganó arrolladoras victorias en las elecciones congresionales de 1994, dos años después de que Clinton fuera electo.

El opositor más abierto e históricamente claro en el Congreso del carácter destructivo y antiobrero de la "reforma de la asistencia social" bipartidista fue el senador demócrata Daniel Patrick Moynihan de Nueva York. La ley fue "un acto de venganza social sin precedentes", dijo Moynihan. Al principio sus consecuencias para niños, mujeres y otros podrían ser amortiguadas por la burbuja de acciones de empresas tecnológicas, alimentada por inversiones especulativas, a finales de los años 90, dijo Moynihan. Pero estos efectos, señaló, estallarían con redoblada fuerza en la siguiente e inevitable recesión profunda, *como la que estamos comenzando a experimentar ahora en 2001.*

"Dentro de muy poco, cuando los plazos empiecen a vencer", advirtió Moynihan, "vamos a decir, '¿por qué están estos niños durmiendo sobre las rejillas'"?

Moynihan, profesor de sociología en Harvard por muchos años, se había opuesto durante mucho tiempo a la AFDC. Los pagos en efectivo para hijos dependientes —en

---

1. A raíz del creciente descontento con estas disposiciones de la "reforma", una ley federal aprobada en 2002 permitió que los inmigrantes menores de 18 años con tarjeta verde pudieran recibir cupones de alimentos, y también los adultos que han tenido documentos de residencia legal durante por lo menos cinco años.

su mayoría de familias encabezadas por mujeres— no podían, por sí solos, decía Moynihan, atacar lo que él consideraba la causa de la pobreza entre los africano-americanos: *el desempleo*. Especialmente entre los varones jóvenes negros, la desocupación había alcanzado "niveles de desastre". Sin un programa federal de obras públicas para afrontar esa crisis —y esto constituía la esencia de lo que Moynihan relataba— las familias más pobres en las comunidades negras continuarían viéndose desgarradas. Un número creciente de estas familias estarían encabezadas por mujeres solteras, con cada vez menos ayuda, y serían incapaces de ofrecer una fuente estable de apoyo económico y social para los niños.

En los libros *El capital* de Carlos Marx y *La situación de la clase obrera en Inglaterra en 1844* de Federico Engels, hay muchas vivas descripciones de esta devastación de las familias en los barrios obreros de la Inglaterra del siglo XIX.

*Pero mientras existan las relaciones sociales capitalistas del "sálvense quien pueda", la familia es lo único a lo que pueden recurrir los niños, ancianos, enfermos y otros trabajadores.*

En 1965, cuando Moynihan era un subsecretario del trabajo poco conocido en la administración de Lyndon Baines Johnson, él había escrito un informe interno titulado *The Negro Family: The Case for National Action* (La familia negra: razones para tomar acción nacional). "Se considera justamente que la revolución de los negros americanos es el acontecimiento nacional más importante de la posguerra en Estados Unidos", escribió Moynihan. "No ha ocurrido nada semejante desde la turbulencia de los años 1930 que llevaron a la organización de los grandes sindicatos industriales". Debido a esa lucha, dijo, las expectativas de los negros "van a ir más allá de los derechos civiles", y "ahora van a tener la expectativa de que en un futuro cercano la igualdad de oportunidades producirá resultados más o menos iguales".

Sin embargo, la igualdad no es posible mientras "tengamos el virus racista en el torrente sanguíneo americano", señaló Moynihan. No es posible mientras siga creciendo la brecha en los ingresos y el nivel de vida "entre el negro y la mayoría de los grupos en la sociedad americana".

Esas condiciones se han magnificado con la rápida emigración de los negros de las zonas rurales del Sur a los guetos segregados de las ciudades norteñas que comenzó durante la Primera Guerra Mundial. El propio Moynihan había vivido la mayoría de su niñez en el distrito de Hell's Kitchen en Nueva York, en el seno de una familia obrera irlandesa encabezada por su madre.

Basándose en esa experiencia, él escribió que —igual que la "Gran Migración" de los negros hacia el norte— la abrupta transición del campo irlandés a las grandes ciudades de Estados Unidos fue "lo que engendró los salvajes tugurios irlandeses del Noreste del siglo XIX".

"Al final los irlandeses cerraron esa brecha, y Moynihan no duda que los negros también lo harán", dijo la revista *Time* en un artículo sobre él publicado en primera plana en 1967. Pero es ahí donde entran en juego las limitaciones de clase de la perspectiva liberal burguesa de Moynihan. Él no le dio suficiente importancia al hecho de que, además de las muchas condiciones económicas y sociales que recaen sobre el pueblo trabajador en su conjunto, los trabajadores que son negros enfrentan un obstáculo histórico único y concreto para "cerrar la brecha": el carácter sistemático de la discriminación, la intolerancia y los peligros físicos, simplemente por el color de la piel.

La opresión nacional es algo que no enfrentan los irlandeses u otros trabajadores que son caucásicos. Como los italianos, los griegos y muchos otros inmigrantes, con el tiempo llegaron a ser "blancos" en la racista sociedad capitalista de Estados Unidos (al menos lo suficiente como para "pasar por blancos" como agrupación nacional). Pero eso no sucede con los descendientes de esclavos africanos, ni siquiera los que "actúan como blancos". En el capitalismo, cargan con un vestigio perdurable de la brutal trata de esclavos y la servidumbre involuntaria. Ante todo, un vestigio de la sangrienta derrota de la Reconstrucción Radical después de la Guerra Civil, y de las décadas de segregación racial bajo el sistema jurídico *Jim Crow* en el Sur de Estados Unidos y la discriminación en la práctica a nivel nacional. Es un legado tan profundamente arraigado que solo el derrocamiento de la dictadura del capital y la conquista revolucionaria del poder por la clase trabajadora podrán abrir paso a la lucha para ponerle fin de una vez por todas.

Las propuestas de *La familia negra: Razones para tomar acción nacional* no solo fueron rechazadas por la administración Johnson sino que, cuando el informe de Moynihan de 1965 fue filtrado a la prensa, muchos liberales, nacionalistas negros y radicales de clase media lo acusaron de ser un racista que "culpa a la víctima", especialmente a las mujeres negras. Es evidente que la mayoría de estos "críticos" nunca se molestó en leer o contemplar seriamente lo que escribió Moynihan.[2]

---

2. Medio siglo después, algunos liberales y especialmente negros de perspectiva nacionalista han reconocido mucho de lo que Moynihan observó y documentó. Entre ellos está Ta-Nehisi Coates, autor del *bestseller* titulado *Between the World and Me* (Entre el mundo y yo), escrito en respuesta a la muerte de Eric Garner y Tamir Rice a manos

Moynihan tampoco convenció a Richard Nixon de que tomara medidas respecto a obras públicas u otras propuestas cuando fue asesor de asuntos urbanos de la Casa Blanca en 1969, aunque sí captó la atención de Nixon con más frecuencia que la de Johnson. Un Plan de Asistencia Familiar, propuesto por Nixon con el respaldo de Moynihan —un "ingreso mínimo garantizado" mensual para una familia de cuatro, sin importar si el hogar incluía a ambos o solo uno de los padres— fue derrotado en el Senado por una coalición de demócratas liberales y republicanos conservadores. Nixon implementó el "Plan Filadelfia", que por primera vez establecía metas de acción afirmativa en la contratación de africano-americanos para obras de construcción que recibían fondos federales. Y puso fin a la conscripción militar.

Pero siguió creciendo el porcentaje de niños que vivían por debajo del nivel de pobreza establecido por el propio gobierno: del 14 por ciento en 1968 al 23 por ciento al inicio de la administración Clinton en 1993. Así que cuando Clinton citó públicamente el informe de Moynihan de 1965 para justificar su promesa de "acabar con la asistencia social tal como la conocemos", Moynihan dijo ya basta. El veterano senador neoyorquino gritó a los cuatro vientos que la medida de Clinton promovía la "crueldad" hacia las familias y perpetuaba la "devastación social". Esa adminis-

---

de la policía, y a "los cateos, detenciones, golpizas y humillaciones… que son experiencias comunes para el pueblo negro". En un artículo de la revista *Atlantic* publicado en 2003 bajo el título "Revisando el informe de Moynihan (continuación)", Coates dijo que "es muy difícil separar la segregación racial, por un lado, del empleo y la estabilidad familiar, por el otro. Este es un tema que merece ser debatido. Pero a Moynihan no le dieron un debate. Le dieron repudio".

tración demócrata estaba destinada a "pasar a la historia como la que abandonó, y abandonó con entusiasmo, el compromiso nacional con los niños dependientes".

Poco antes de concluir su mandato en enero de 2001, Clinton se jactó de que 8 millones de personas en el país habían sido eliminadas de las listas estatales de asistencia social, una reducción del 60 por ciento en menos de media década. Pero lo que los partidarios burgueses de esta ley no proclaman tanto es que la gran mayoría de los ex beneficiarios de la AFDC, si acaso han logrado encontrar algún empleo, se han visto forzados a aceptar trabajos a salario mínimo o *submínimo*, con pocas o incluso sin beneficios médicos, de jubilación o vacaciones.

Y esto ocurre *en el punto más alto* del ciclo comercial capitalista. En los próximos meses, cuando se suspenda permanentemente el pago de asistencia social a las primeras víctimas del tope de cinco años estipulado por la ley, será en medio de crecientes cesanteos y desempleo.

La ley de Clinton de 1996 fue la primera vez que toda una categoría del pueblo trabajador —madres solteras y sus hijos— ha sido excluida del tipo de protecciones que supuestamente debe brindar el Seguro Social a los jubilados, los niños, los trabajadores lesionados o cesanteados y otras personas susceptibles a la inestabilidad y los estragos inherentes al capitalismo, tanto en buenos como malos tiempos.

Además, se trata de una parte de la clase trabajadora en Estados Unidos que está creciendo. En 1965, cuando Moynihan escribió *La familia negra*, la tasa "crítica" que él puso en cuanto al número de niños negros en familias encabezadas por madres solteras era del 25 por ciento. Medio siglo más tarde, ese es el porcentaje correspondiente a

## 'Reforma de la asistencia social': su impacto en la clase trabajadora

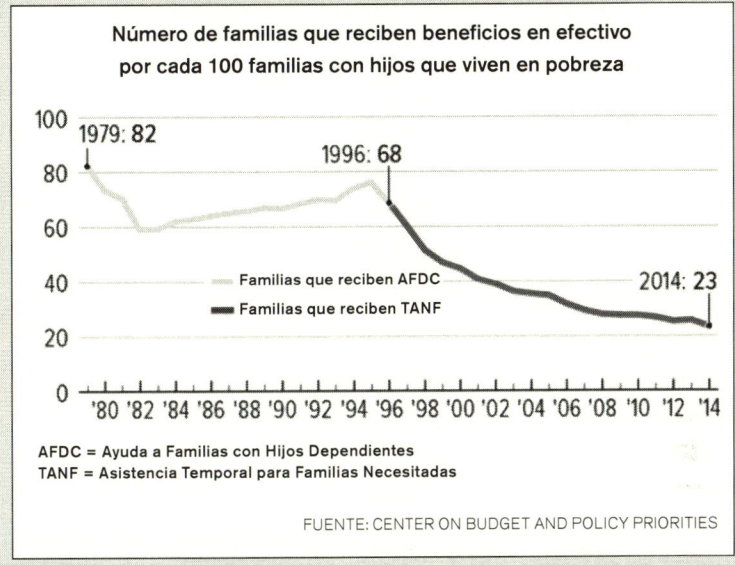

FUENTE: CENTER ON BUDGET AND POLICY PRIORITIES

Bajo los golpes de la depresión a fuego lento anunciada por las recesiones de 2001 y 2008–2009, los 4 millones de madres solteras sin empleo en 2014 (según cifras del gobierno) eran más que el número de desempleadas cuando se aprobó la llamada reforma de *workfare* ("asistencia a cambio de trabajo") de Clinton-Gingrich. Es más, el porcentaje de mujeres que el gobierno cuenta como parte de la fuerza laboral se ha reducido al 56.6 por ciento, el nivel más bajo desde 1988.

Aun así, la proporción de familias pobres que reciben beneficios se desplomó: del 68 al 23 por ciento.

Además, uno de cada tres gobiernos estatales ha impuesto límites menores de cinco años (por ejemplo, dos años en Kansas, uno en Arizona), y el poder adquisitivo de los beneficios se ha reducido en un tercio, ya que la "reforma" no estipula aumentos por el costo de vida en subvenciones a los estados, ¡que no han aumentado desde 1997!

todos los hogares monoparentales encabezados por mujeres, independientemente del color de su piel. La cifra para los negros ha superado el 70 por ciento.

Mientras tanto, la pobreza, la falta de empleos estables y la desintegración de la familia y de otras relaciones sociales —todo esto impuesto a millones de hombres, mujeres y niños de la clase trabajadora por las operaciones del capitalismo— son consecuencias inevitables de un sistema social basado en la explotación de clase y la opresión nacional.

En este sentido, otro conocido artículo de Moynihan publicado en 1993 bajo el título "Limitando la definición de conducta desviada" (*Defining Deviancy Down*), plantea cuestiones de importancia para la vanguardia de la clase obrera. Moynihan escribió el artículo poco después del estallido social de 1992 en Los Ángeles en respuesta a la exoneración de cuatro policías que habían arrestado y golpeado a Rodney King, un africano-americano. La golpiza había sido difundida ampliamente por televisión.

Entre las tendencias sociales "desviadas" en las que se enfocó Moynihan, estaban la acelerada desintegración de la estructura familiar, la fuerte reducción del ingreso real de las familias pobres que recibían beneficios de AFDC y el aumento en el índice de delitos violentos (este último alcanzó su punto álgido el año siguiente y ha bajado desde entonces). No era la primera vez en la historia de Estados Unidos, dijo Moynihan, "que se ha visto esta criminalidad, violencia, disturbios [y] reacciones contra toda la estructura social", especialmente entre los "varones jóvenes" desempleados provenientes de "familias rotas". Recurriendo nuevamente a sus antecedentes familiares proletarios, Moynihan subrayó las lecciones extraídas "desde los salvajes tugurios irlandeses de la Costa Este del siglo XIX hasta los suburbios de

Los Ángeles devastados por motines".

El mayor peligro, dijo Moynihan, es ceder a las capas sociales que "se benefician de la redefinición del problema como algo esencialmente normal y hacen muy poco para reducirlo": en sus palabras, "limitando la definición de conducta desviada". (Moynihan hablaba desde su propia posición de clase, sobre los peligros que esto representa para el gobierno, los partidos políticos y el orden social capitalistas).

Por un lado, escribió Moynihan, "esta redefinición ha suscitado la férrea resistencia de los defensores de las 'viejas' normas, y esto representa una buena parte de la actual 'guerra cultural', tal como muchos la proclamaron en la Convención Nacional Republicana de 1992". No se extendió más en esa referencia, pero claramente tenía en mente el muy divulgado discurso en la convención en que Patrick Buchanan relató (con bastante exageración) cómo unidades del ejército y de la Guardia Nacional —"con sus M-16 listos"— habían recuperado Los Ángeles "cuadra por cuadra" en mayo de ese año. Así, dijo Buchanan, "debemos tomar nuestras ciudades, tomar nuestra cultura y tomar nuestro país". Así se va a ganar "la guerra que se está dando en nuestro país por el alma de América", dijo Buchanan. "Es una guerra cultural, tan crítica para el tipo de nación que seremos algún día, como lo fue la propia Guerra Fría".

Por otro lado, Moynihan hizo referencia a soluciones, obviamente tampoco de su agrado, que estaban ganando adeptos en sectores más prominentes de ambos partidos de la clase gobernante, incluida la recién electa administración demócrata de Bill y Hillary Clinton. "Estamos construyendo prisiones a un ritmo asombroso", advirtió Moynihan al final del artículo. "También ha retornado el verdugo. Hay una especie de competencia en el Congreso para pensar en nuevos delitos para los cuales la pena de muerte pareciera ser la única medida disuasiva a nuestro alcance".

Por eso Moynihan, el político liberal y profesor, se oponía a "limitar la definición de conducta desviada". Pero para el pueblo trabajador —por razones de nuestros propios intereses de clase— hay mucho más en juego para no "limitar la definición" de las actitudes, los hábitos y las condiciones sociales que dividen a nuestra clase o que destrozan nuestra confianza política, conducta disciplinada, combatividad y moral.

Actuar como depredador hacia otros trabajadores y agricultores, juzgar unos a otros por el color de la piel, el origen nacional, la religión o el género en lugar de por lo que *hacemos*; llegar borracho o drogado a un piquete de huelga o a una guardia de defensa: nada de esto es "esencialmente normal" para una clase trabajadora que se está organizando y resistiendo; una clase que solo puede emanciparse de la explotación a través de nuestra propia organización política independiente y nuestra acción disciplinada. Nada de esto expresa la norma que Marx y Engels incluyeron en las reglas que ellos redactaron en 1847 para la primera organización comunista: "un modo de vida y una actividad que correspondan" a la integridad política y a los objetivos de un movimiento obrero con conciencia de clase.

Ese es el desafío que ha tenido que enfrentar todo movimiento revolucionario de la clase trabajadora y los oprimidos, desde las masivas luchas obreras que forjaron los sindicatos industriales en Estados Unidos hasta las movilizaciones dirigidas por africano-americanos que derrocaron la segregación *Jim Crow* y abrieron paso a dirigentes internacionalistas de la clase trabajadora como Malcolm X; el Ejército Rebelde que encabezó a los trabajadores y agricultores de Cuba en una victoriosa revolución socialista; y la lucha por un partido proletario que hará posible una revolución socialista en Estados Unidos.

## Ataques de la clase dominante contra el derecho al aborto

En el cuarto de siglo transcurrido desde que la Corte Suprema emitió su dictamen en el caso de *Roe contra Wade*, el contraataque político de algunos sectores de la burguesía frente a la despenalización de la decisión de la mujer de poner fin a un embarazo no deseado ha sido un aspecto central de la arremetida contra los logros económicos y sociales de la mujer. Forma parte del ataque más amplio contra los derechos y las condiciones de vida del pueblo trabajador.

A pesar de la retórica electoral de George W. Bush, no es probable que la nueva administración intente un ataque frontal contra el derecho de la mujer a optar por un aborto, como tampoco lo hicieron sus antecesores. Sin embargo, continúan los ataques contra el derecho al aborto, y estos se han visto facilitados por el mismo carácter y el contenido de la decisión del tribunal en 1973.

*Roe contra Wade* no se basó en el derecho de la mujer a la igualdad de "protección ante la ley" garantizada por la Enmienda 14 de la Constitución, sino más bien en criterios médicos. Durante el primer trimestre, dictaminó el tribunal, la decisión de interrumpir el embarazo "debe dejarse al juicio médico del doctor que atiende a la embarazada"(¡no a la mujer, sino a un médico!)

Al mismo tiempo el tribunal permitió que los gobiernos estatales prohibieran la mayoría de los abortos después del punto de "viabilidad", definido en la decisión de *Roe contra Wade* como el punto en que el feto "puede potencialmente vivir fuera del útero de la madre", una condición que, gracias a los avances médicos, inevitablemente llega más y más temprano durante el embarazo.

Los enemigos de los derechos de la mujer han aprovechado los criterios "médicos" de la Corte Suprema desde el principio. Y han aprovechado al máximo el hecho de que la decisión judicial en 1973 fue emitida antes de que se produjera un debate acalorado y que lo hubieran librado y ganado las fuerzas que insistían en que la decisión de la mujer a optar por este procedimiento médico está protegida por los derechos constitucionales que nos han costado tanto conquistar.

La Enmienda 14 de la Constitución de Estados Unidos, ratificada en 1868, fue una conquista directa de la Segunda Revolución Norteamericana. En una de sus disposiciones la enmienda estableció que las autoridades federales y estatales no pueden "privar a ninguna persona dentro de su jurisdicción de la igualdad de protección ante la ley". No dice a ningún *varón*, no dice a ninguna persona de una *raza* específica, no dice a ningún individuo que sea *ciudadano*. Ningún gobierno puede privar de esos derechos a *ninguna persona*, punto. Eso es lo que afirma la Enmienda 14.

Sin embargo, durante más de un siglo, una corte federal tras otra ha privado a las mujeres de precisamente eso. No fue hasta 1971 que la Corte Suprema de Estados Unidos —en una opinión judicial escrita por Warren Burger, presidente de la Corte Suprema, nombrado por Nixon— finalmente afirmó que las mujeres estaban incluidas en la "igualdad de protección ante la ley" de la Enmienda 14.[3]

---

3. Por primera vez desde que fue ratificada la Enmienda 14 en 1868, la Corte Suprema federal, con su fallo *Reed contra Reed* en 1971, anuló una ley estatal aduciendo que violaba la Cláusula de Igualdad de Pro-

Por supuesto, ese cambio no fue el resultado de una súbita "epifanía judicial". Fue producto de las victorias conquistadas en las calles durante los años 50 y 60 por millones de luchadores por los derechos de los negros, como también de las movilizaciones que se estaban llevando a cabo contra la guerra asesina de Washington en Vietnam. Esas batallas, a su vez, impulsaron una nueva ola de actividades y conciencia en torno a los derechos de la mujer.

Pero cuando la Corte Suprema emitió su fallo respecto al aborto en 1973, los jueces se echaron atrás. Decidieron no basarse en su decisión de apenas dos años antes, que afirmaba la igualdad de protección ante la ley para las mujeres. Más bien, emitieron la decisión *Roe contra Wade*, la cual —según lo expresó un ex fiscal federal— parecía más "como una lista de reglas y reglamentos de un hospital".

Desde entonces, los gobiernos estatales han impuesto otras 700 leyes que le ponen obstáculos a la mujer en el ejercicio de sus derechos constitucionales: restricciones de edad, el "consentimiento" de los padres, períodos de espera más largos, "asesoramiento" obligatorio sobre las "alternativas", la seguridad y muchas otras restricciones. El Congreso y la Casa Blanca han prohibido (1) el uso de fondos federales del Medicaid para los abortos, aun los que son "médicamente necesarios" (la "Enmienda Hyde" de 1976); (2) que el seguro médico federal cubra abortos para mujeres en las fuerzas armadas (excepto casos de violación o incesto, o de riesgo de vida de la mujer) o que se usen instalaciones médicas militares para este procedimiento, aun

---

tección de la enmienda porque discriminaba contra las mujeres. Se trataba de una ley estatal de Idaho que daba preferencia a los hombres sobre las mujeres a nombrar administradores de herencias.

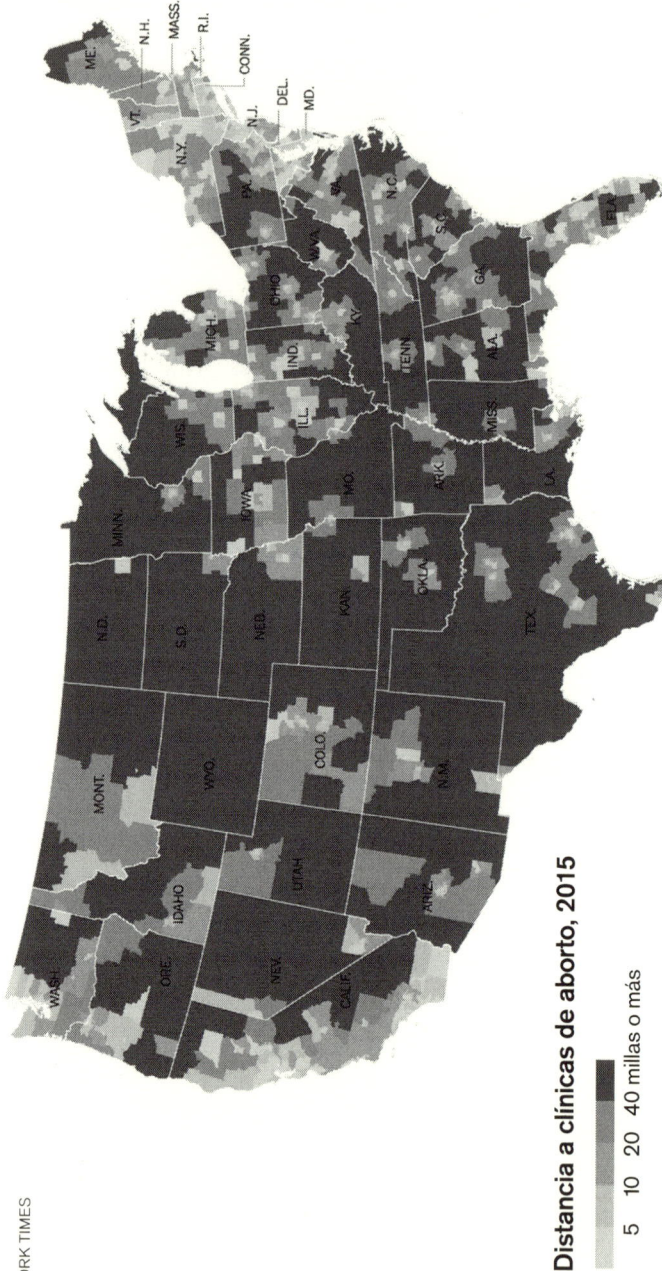

## Distancia a clínicas de aborto, 2015

5  10  20  40 millas o más

A medida que los enemigos de los derechos de la mujer imponen restricciones cada vez más grandes al acceso a procedimientos de aborto, ha crecido la distancia media que una mujer debe viajar para llegar a una clínica. En condados rurales, más de tres de cuatro mujeres tienen que viajar más de 40 millas y una tercera parte tiene que viajar más de 100 millas.

# Una victoria contra ataques a los derechos de la mujer

Washington, marzo de 2016. Partidarios del derecho al aborto se manifiestan el día que la Corte Suprema escuchaba argumentos contra una restrictiva ley de Texas, cuyos aspectos más limitativos fueron revocados en junio.

---

Desde 2010 los enemigos del derecho de la mujer a elegir el aborto se han enfocado más en propuestas de leyes que exigen que los abortos sean tratados de manera diferente de otros procedimientos quirúrgicos ambulatorios. Estos ataques han sido presentados cínicamente como medidas de "protección" de la salud de la mujer.

El 27 de junio de 2016 se logró una importante victoria cuando fueron rechazados reglamentos "de salud" que limitaban el acceso de la mujer al aborto. La Corte Suprema anuló disposiciones de una ley aprobada en Texas en 2013 que ya habían causado el cierre de la mitad de las 40 clínicas de aborto en el estado, medidas que, de haberse aplicado plenamente, podrían haber reducido a 10 o menos el número de clínicas. Sus consecuencias impactaban con especial fuerza a mujeres de la clase trabajadora y de familias que viven en fincas y pueblos rurales. El tribunal rechazó el aspecto esencial de la ley de Texas, el cual exigía (1) que todo médico practicante de abortos tuviera la autoridad para ingresar a pacientes en un hospital cercano y (2) que las clínicas de planificación familiar y de atención prenatal proveedoras de abortos cumplieran con normas establecidas para hospitales. No se exigen esas normas a clínicas que realizan procedimientos médicos más peligrosos como colonoscopías, amigdalectomías o cirugía dental.

Esta victoria para los derechos de la mujer abre paso a la lucha para impedir leyes antiobreras similares en Alabama, Mississippi, Wisconsin y otros estados.

cuando sea costeado por otros medios; y (3) el financiamiento por el gobierno norteamericano de programas de "ayuda externa" si incluyen ayuda asociada con abortos (la 'Enmienda Helms" de 1973).

Estas "restricciones" han tenido un gran costo humano. Entre otras cosas, en un tercio de las ciudades y casi el 90 por ciento de los condados de Estados Unidos no existe actualmente un centro médico que provea abortos, *¡un 90 por ciento!* En consecuencia, el costo adicional de viajar, por sí solo, significa que las mujeres de la clase trabajadora y las que viven en zonas rurales tienen grandes desventajas para acceder a ese procedimiento médico.

**Ampliar y defender el sufragio universal**

La Ley de Reconstrucción de 1867, que el Congreso aprobó a pesar del veto del presidente Andrew Johnson, impulsó la lucha por el sufragio para los varones negros en toda la derrotada Confederación al ponerlo como requisito para que los estados sureños fueran readmitidos a la Unión. La Enmienda 14, ratificada el año siguiente, también contenía disposiciones para sancionar a cualquier estado que le negara el derecho al voto a los esclavos emancipados o a otros ciudadanos varones en Estados Unidos que estuvieran bajo la jurisdicción de dicho estado.

Durante la siguiente década, los dirigentes más avanzados políticamente de los gobiernos de Reconstrucción Radical en los estados de la antigua "esclavocracia" organizaron y apoyaron sangrientas batallas para *defender* y *usar* el derecho al voto. Pero fue necesario el impulso de la Reconstrucción Radical para extender ese derecho a los negros en otros estados de la Unión.

La Enmienda 15 de la Constitución —que afirma que ningún gobierno federal o estatal puede negar o coartar el derecho al voto "por razones de raza, color o condición anterior de servidumbre"— fue rechazada inicialmente por las legislaturas de Nueva York, Nueva Jersey, Ohio y California, entre otros estados. Ratificada finalmente en 1870, esta enmienda y la lucha para conquistarla dieron un impulso, a su vez, a la extensión del sufragio a las mujeres 50 años más tarde, codificado en la Enmienda 19.

Pero la burguesía estadounidense traicionó la Reconstrucción Radical a finales de la década de 1870, y el amplio movimiento de trabajadores y agricultores aún no era suficientemente fuerte como para defender, y mucho menos extender, las conquistas logradas. Ante estos reveses, se desató en todos los estados del Sur un régimen reaccionario de terror contra los negros que duró casi un siglo. Así se impuso, en estado tras estado, la segregación racista *Jim Crow*, que posteriormente sirvió de modelo para el connotado sistema del apartheid en Sudáfrica. El impuesto al voto

"Se libraron sangrientas batallas para defender el derecho al voto en todos los estados de la esclavocracia derrotada. Pero fue necesario el impulso de la Reconstrucción Radical para extender ese derecho a los negros en otros estados".

**Arriba**: Una popular revista estadounidense muestra a esclavos negros libres que votan por primera vez, noviembre de 1867. La Ley de Reconstrucción promulgada ese año por el gobierno federal estipuló que el derecho a votar para los hombres negros era un requisito para que los antiguos estados de la Confederación fueran readmitidos a la Unión.

**Recuadro**: Marcha que se extendió seis millas en Baltimore, Maryland, en mayo de 1870, celebra aprobación de la Enmienda 15, la cual prohibió que los gobiernos a nivel federal y estatal negaran el voto a los negros. La enmienda, ratificada ese año, fue rechazada inicialmente por legislaturas de Nueva York, Ohio y California, entre otras.

(*poll tax*), pruebas de "alfabetización", restricciones de todos los tipos imaginables —y sobre todo, *linchamientos y brutales golpizas*— fueron utilizados a fin de aterrorizar a los africano-americanos para que no fueran a las urnas.

La contrarrevolución también tuvo consecuencias nefastas para decenas de miles de trabajadores chinos en Estados Unidos. Concentrados en la Costa Oeste, fueron víctimas de pogromos y sometidos a numerosas leyes estatales que restringían la residencia y el empleo, así como leyes que prohibían el ingreso de los chinos al estado. La Ley de Exclusión China fue adoptada por el gobierno federal en 1882 y estuvo vigente hasta 1943, al ser derogada como parte del proceso de pactar una alianza con las fuerzas del Partido Nacionalista (Kuomintang) de China contra Japón durante la guerra.

Ya para el año 1940 las consecuencias acumulativas de la derrota de la Reconstrucción Radical habían llegado a tal punto que apenas el 3 por ciento de los negros estaban inscritos para votar en los estados de la antigua Confederación. Fue necesario librar protestas más y más fuertes y batallas sangrientas en las calles y en zonas rurales durante más de una década en los años 50 y 60 para recuperar el sufragio de los negros, batallas que rompieron barreras no solo en el Sur sino en muchas otras localidades en todo Estados Unidos.[4]

---

4. Desde 2010, más de 20 estados han comenzado a implementar fuertes restricciones al derecho al voto, dirigidas particularmente contra los negros. Estas incluyen requisitos de identificación, fechas límite y otros obstáculos para inscribirse, y limitaciones a la posibilidad de votar temprano. Los ataques aumentaron tras una decisión de la Corte Suprema en 2013 que invalidó un aspecto vital de lo que los africano-americanos habían logrado con la aprobación por el gobierno federal

### Sistema de injusticia penal

Con apoyo mayoritario de ambos partidos en el Congreso, Clinton firmó leyes que ampliaron el uso de las sentencias obligatorias de prisión para delitos federales y las prolongaron, coartaron las garantías contra cateos e incautaciones arbitrarias por parte de la policía y las cortes, aumentaron la confiscación de propiedades *antes* de un juicio y financiaron una expansión inaudita de policías fuertemente armados en las calles. Clinton reivindicó y firmó leyes que aumentaron el número de delitos federales que conllevan la pena capital, justificando su designación vergonzosa como "presidente de pena de muerte".

Aun antes de ocupar la Casa Blanca, al inicio de la campaña presidencial del Partido Demócrata en 1992, los Clinton —Bill and Hillary, tomados del brazo— apartaron tiempo durante las reñidas elecciones primarias en Nueva Hampshire para regresar en avión a Arkansas: no para conmutar la pena de muerte contra Ricky Ray Rector, un preso que sufría de daño cerebral, sino para presidir, de manera demostrativa, el acto de su macabra ejecución.

Para no ser menos que los Clinton, George W. Bush, al llevar a cabo su campaña presidencial en 2000, les siguió los pasos. Durante esos meses el estado de Texas, del cual Bush era gobernador, efectuó el asesinato legal del mayor

---

de la Ley del Derecho al Voto en 1965. La corte otorgó a los gobiernos locales y estatales un margen mucho más amplio para restringir el derecho al voto.

Ante el impacto de protestas y de oposición abierta, incluso en los círculos políticos burgueses, en 2016 las cortes federales anularon restricciones en Texas, Dakota del Norte, Wisconsin y Carolina del Norte. Además se han impugnado semejantes violaciones del derecho al voto en Alabama, Missouri, Georgia y otros estados.

número de presos en un solo año de cualquier estado en por lo menos un siglo. Esas 40 ejecuciones fueron solo una cuarta parte de las que Bush llevó a cabo durante sus seis años como gobernador.

Durante los ocho años de la administración Clinton, entre 1993 y 2001, el número de personas encarceladas en Estados Unidos subió en casi el 60 por ciento. Si bien Estados Unidos tiene el 5 por ciento de la población mundial, actualmente tiene el 25 por ciento de los presos en el mundo.

Como siempre ha sucedido a lo largo de la historia, la gran mayoría de los reclusos son trabajadores, y "la ley" golpea desproporcionadamente a los negros, latinos e indígenas. Hoy día, uno de cada tres varones jóvenes que son negros se encuentra entre rejas, bajo libertad condicional (*parole*) o bajo libertad a prueba (*probation*). El *lockdown* (encierro de todos los presos en sus celdas) y el confinamiento solitario —con sus efectos deshumanizantes, diseñados para que uno se sienta impotente e inútil— se están convirtiendo más y más en la norma.

La Ley de Control de Crímenes Violentos y del Orden Público de 1994, bajo la administración de Clinton, aceleró la ya rápida expansión de la población penal en Estados Unidos. Esta ley contenía las siguientes medidas:

- Castigaba a los condenados por posesión de cocaína *crack* mucho más severamente que a los condenados por posesión de cocaína en polvo, lo cual resultó en un número desproporcionado de condenas y sentencias largas para los africano-americanos (aunque no son más propensos a usar o vender drogas ilegales que otros grupos de la población de Estados Unidos).
- Estableció sentencias mínimas obligatorias, incluida la ley federal de los "tres *strikes*", que requiere cadena per-

petua sin libertad condicional para los individuos con dos condenas previas por tráfico de drogas y algunos otros delitos graves.

- Autorizó que se juzgara como adultos a jóvenes desde los 13 años de edad por diversos delitos en los cuales se usó la violencia.
- Amplió a 60 los delitos que conllevan la pena capital federal.
- Incrementó las sanciones para violaciones asociadas con la inmigración, incluido el desacato de una orden de deportación o el reingreso al país tras ser deportado.
- Privó a los presos de la posibilidad de obtener becas federales para la universidad (y en 1998 se aprobaron dos leyes apoyadas por Clinton, una que niega préstamos federales estudiantiles a ex presos que cumplieron condenas por cargos de droga, y otra que niega subsidios federales para la vivienda o permite el desalojo de familias cuando uno de sus miembros tiene "antecedentes penales", aun cuando no haya sido declarado culpable).
- Autorizó fondos federales para poner a otros 100 mil policías fuertemente armados en las calles de ciudades norteamericanas.

También urge que los trabajadores con conciencia de clase reconozcan, expliquen y alcen la voz contra un gran atropello: en las prisiones de Estados Unidos es donde más rotundamente se priva del derecho al voto al pueblo trabajador. En 48 de los 50 estados, y a nivel federal, no se permite que los individuos sentenciados por delito grave (*felony*) voten mientras estén presos (y tampoco pueden votar muchos que están bajo libertad condicional o libertad de prueba). Doce estados privan del derecho al voto a ciertas personas aún *después* de haber salido de la prisión

## EEUU: Principal carcelero del mundo...

Estados Unidos tiene el mayor índice de encarcelamiento del mundo. En 2015 había un millón y medio de personas en prisiones federales o estatales (ver abajo), otras 750 mil en cárceles locales y 4.8 millones en libertad condicional (*parole*) o libertad a prueba (*probation*). Un 40 por ciento de los presos son negros.

Las rayas oscuras indican el aumento de casi el 60 por ciento en la población penal en EE.UU. durante los años de los Clinton.

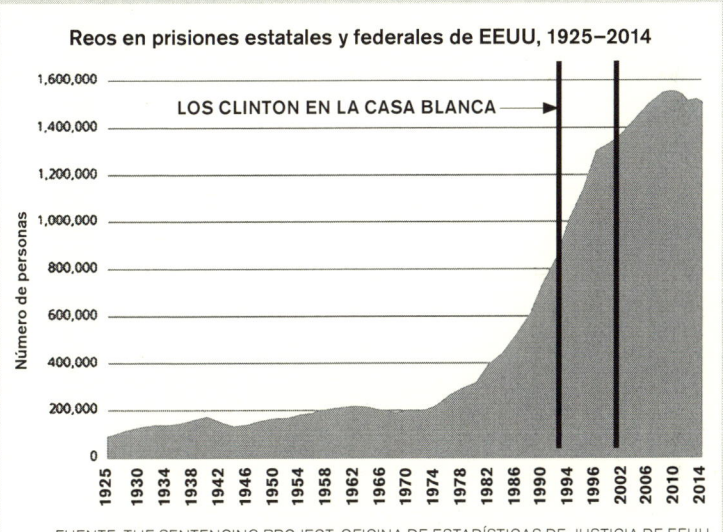

Reos en prisiones estatales y federales de EEUU, 1925–2014

LOS CLINTON EN LA CASA BLANCA

FUENTE: THE SENTENCING PROJECT; OFICINA DE ESTADÍSTICAS DE JUSTICIA DE EEUU

## ... y el gran verdugo

Entre 2007 y 2015 fueron ejecutadas en Estados Unidos 365 personas. Hillary Clinton, candidata presidencial del Partido Demócrata en 2016, continúa apoyando el uso de este instrumento de terror contra el pueblo trabajador, al igual que su contrincante republicano Donald Trump y el presidente Barack Obama.

"Estados Unidos tiene el 5 por ciento de la población mundial pero el 25 por ciento de los presos en el mundo".

**Arriba**: Clinton firma la "Ley para el Control del Crimen Violento y el Orden Público", septiembre de 1994. La ley aumentó a 60 el número de delitos que conllevan la pena de muerte; estableció sentencias federales obligatorias de cárcel; amplió el alcance de los registros arbitrarios; y autorizó miles de millones de dólares para más prisiones y policías.

**Abajo**: Ricky Ray Rector (izquierda), quien sufría de daño cerebral, fue ejecutado en Arkansas durante la campaña presidencial de 1992. Bill Clinton, entonces gobernador de Arkansas, y la primera dama de Arkansas Hillary Clinton, regresaron al estado durante su campaña en muestra de apoyo a la ejecución.

o de haber cumplido la libertad condicional o de prueba; y en algunos casos de manera *permanente*.[5]

**Ningún ser humano es 'ilegal'**
En 1996 Clinton aprobó la condescendientemente llamada Ley de Reforma a la Inmigración Ilegal y de Responsabilidad del Inmigrante, aprobada por un Congreso republicano. Esa ley aumenta los poderes del Servicio de Inmigración y Naturalización (INS)[6] para arrestar y deportar a personas acusadas de ser inmigrantes "ilegales", sin que tengan de-

---

5. Esto sería injustificable aun cuando solo se privara así del derecho al voto a unos pocos trabajadores y a otras personas. Pero la situación es otra. En 2016 casi 6 millones de personas —un 2.5 por ciento de la población adulta de Estados Unidos— habían perdido temporalmente o para siempre el derecho de votar por el hecho de haber sido condenados por un delito grave. En Alabama, Florida, Kentucky, Mississippi, Tennessee y Virginia, se privó del sufragio a más del 7 por ciento de la población adulta en 2010 por esta razón. A nivel nacional, se priva del derecho al voto a casi el 8 por ciento de los hombres africano-americanos, y los porcentajes varían entre el 20 y el 23 por ciento en Florida, Kentucky y Virginia.

En agosto de 2016 Terry McAuliffe, gobernador de Virginia, usó decretos ejecutivos individuales para restaurar el derecho al voto a 13 mil ex presos cuando la Corte Suprema del estado, unos meses antes, anuló su orden general para restituir el sufragio a 260 mil ex reos. Pero aún sigue vigente la ley de Virginia que priva permanentemente del sufragio a las personas que cumplieron sentencias por delitos grave (salvo si las conmuta el gobernador).

6. En marzo de 2003, como parte de la reorganización de las agencias federales de policía y espionaje después del 11 de septiembre de 2001, las funciones estatales correspondientes al INS fueron transferidas del Departamento de Justicia al nuevo Departamento de Seguridad del Suelo Nativo (Department of Homeland Security) y divididas entre tres entidades: Inmigración y Control de Aduanas (ICE), Aduanas y Protección Fronteriza (CBP) y Servicios de Ciudadanía e Inmigración de Estados Unidos (USCIS).

recho a una apelación o revisión judicial. Al mismo tiempo, la Casa Blanca y el Congreso financiaron la expansión de la odiada migra, convirtiéndola en la agencia policiaca federal más grande, la cual en los últimos años ha incrementado las redadas de fábricas y deportaciones hasta números récord.

El objetivo de la clase dominante de Estados Unidos no es detener el flujo de trabajadores desde las Américas y otras regiones. Al contrario, ellos necesitan a los trabajadores inmigrantes como reserva de mano de obra superexplotable, y sus medidas represivas tienen como propósito acrecentar la inseguridad y el temor entre ellos. El mantener a los inmigrantes como ciudadanos de segunda clase es una de las formas en que los patrones fomentan la competencia y los conflictos entre los trabajadores para reducir los salarios y empeorar las condiciones de toda la clase trabajadora, y de dividir y debilitar aún más los sindicatos y los intentos de organizar a los que no están sindicalizados.

Bajo las disposiciones —al estilo de la *Cámara Estrellada* feudal— de la Ley de Antiterrorismo y Pena de Muerte Eficaz de 1996 (una vez más, el mismo nombre de la ley condena a sus autores burgueses), el gobierno norteamericano ha incrementado las "detenciones preventivas" a partir de "pruebas secretas". En su mayoría son inmigrantes de países árabes u otras naciones predominantemente musulmanas que han sido acusados de tener lazos con "organizaciones terroristas", la palabra clave que los gobernantes estadounidenses usan cada vez más para justificar tanto sus arremetidas contra los derechos democráticos en Estados Unidos como sus ataques militares en otros países (en realidad, el asesinato en masa desde el aire).

La Ley de Antiterrorismo y Pena de Muerte Eficaz tam-

# Deportaciones, 'E-Verify' y la migra

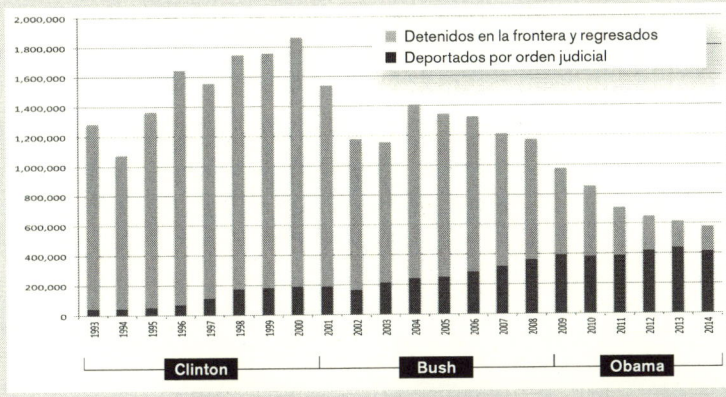

OFICINA DE ESTADÍSTICAS DE INMIGRACIÓN DE EEUU, AGOSTO DE 2016

CORTESÍA DEL CONSEJO DE INMIGRACIÓN

Los inmigrantes indocumentados en Estados Unidos pueden ser detenidos —a veces por más de un año— en frías celdas de concreto sin adecuadas camas, comida, agua, atención médica, duchas o inodoros. **Arriba**: Centro de detención en Douglas, Arizona, septiembre de 2015.

Los funcionarios norteamericanos de inmigración dividen lo que la mayoría de nosotros llamamos "deportaciones" en dos categorías: "remociones" (inmigrantes deportados por orden judicial, quienes pueden enfrentar cargos federales si vuelven a entrar) y "retornos" (personas detenidas en la frontera y regresadas o deportadas sin orden judicial).

El número total de deportaciones alcanzó el punto más alto —más de 1.8 millones— en 2000, el último año que los Clinton ocuparon la Casa Blanca, y cayó por debajo de 600 mil en 2014. La principal razón de este descenso es que menos personas han estado inmigrando a Estados Unidos a raíz de la crisis económica capitalista. Incluso, debido a los altos niveles de desempleo en Estados Unidos, más mexicanos residentes en Estados Unidos han regresado a México desde 2009 que los que han inmigrado al norte de la frontera.

Las órdenes de "remoción" alcanzaron nuevos récords en los primeros cinco años de la administración Obama. Más trabajadores nacidos en el extranjero perdieron el empleo y se vieron forzados a irse de Estados Unidos debido al programa "E-Verify", a través del cual se revisan los números de Seguro Social, que con las odiadas redadas de fábricas por parte de la migra en los años de Clinton y Bush. Esas redadas resultaron ser contraproducentes para los gobernantes estadounidenses ante las masivas manifestaciones de millones de inmigrantes y sus partidarios en 2006-07 y las amplias protestas del pueblo trabajador contra asaltos estilo SWAT por la policía de inmigración en centros de trabajo.

La población de inmigrantes —hombres, mujeres y niños— que ocupan unas 200 miserables prisiones por todo Estados Unidos ha crecido: de un promedio de casi 8 mil en un día determinado en 1996 hasta 34 mil en 2014.

bién debilita mucho las protecciones de *habeas corpus* que han existido desde hace siglos. Permite con más facilidad que los jueces federales, incluso hasta la Corte Suprema, se nieguen a excarcelar o a conmutar la pena de muerte de presos que presenten pruebas de que fueron injustamente encarcelados o condenados a muerte. Entre otras cosas, la ley niega el derecho de los reos condenados a muerte a presentar más de una petición de habeas corpus para que una corte federal revise sus casos: *"un solo* strike" y estás fuera.

A raíz de esta ley, junto con la Ley de Reforma a la Inmigración Ilegal y de Responsabilidad del Inmigrante, el número de inmigrantes recluidos en cárceles de inmigración en un día determinado, mientras esperan el desenlace de una amenaza de deportación, subió a 20 mil personas al inicio del nuevo siglo: un aumento del 245 por ciento solo desde 1996.

**También un presidente bélico**

En los días antes de que Clinton prestara juramento en enero de 1993, la saliente administración republicana de Bush bombardeó Iraq, como lo había hecho durante casi dos años después del "alto el fuego" en la Guerra del Golfo dirigida por Washington en 1991. La nueva administración demócrata siguió este ejemplo la semana siguiente. De hecho, desde la guerra de 1991, mes tras mes, han muerto civiles iraquíes en bombardeos intermitentes de Washington, y muchos más han quedado heridos y mutilados de por vida.

La campaña bélica de Washington contra el pueblo iraquí debe recordarnos algo que dijo el general cubano José Ramón Fernández en su testimonio ante el Tribunal Provincial Popular de Ciudad de La Habana en julio de 1999. El tribunal celebró una audiencia sobre una demanda que ocho organizaciones cubanas habían entablado para exigir que el gobierno norteamericano pagara indemnización por los miles de muertes y los miles de millones de dólares en destrucción física causadas a lo largo de décadas por los intentos norteamericanos de derrocar la Revolución Cubana por la fuerza y la violencia.

El general cubano informó que para la invasión mercenaria organizada por Washington en Bahía de Cochinos en abril de 1961, el gobierno norteamericano había abastecido a los mercenarios con bombas de napalm. Usaron esas armas contra el pueblo trabajador cubano —organizado en las milicias, las fuerzas armadas y la policía— que defendía su soberanía e integridad territorial, su revolución socialista. Los 1 500 invasores fueron derrotados en menos de 72 horas de combate en lo que los cubanos conocen como la batalla de Playa Girón.

Fernández señaló, haciendo referencia a un relato publicado por uno de los pilotos mercenarios, que los aviones de los invasores llevaban tres toneladas de bombas de napalm, las cuales dispersan una gelatina incendiaria que se pega a la piel de los seres humanos, quemando y asfixiándolos. Las reglas internacionales de guerra suscritas por los gobiernos de todo el mundo (incluido Washington), le recordó Fernández al tribunal en La Habana, prohíben el uso "de armas y proyectiles o materiales destinados a causar aquellos males, aquellos daños, contrarios a las leyes normales de la humanidad. Y nos encontramos que, violando lo anterior, esas bombas están siendo utilizadas por las Fuerzas Armadas de Estados Unidos".[7]

---

7. El testimonio ofrecido en julio de 1999 por el general de brigada José Ramón Fernández se publicó en *Playa Girón/Bahía de Cochinos: primera derrota militar de Washington en América* (Pathfinder, 2001).

Al grado que conocemos sobre el uso del napalm por los gobernantes norteamericanos, a menudo lo asociamos exclusivamente con el sufrimiento atroz que Washington y sus aliados infligió a decenas de miles de seres humanos durante la guerra de Vietnam. Pero el imperialismo estadounidense también había empleado extensamente el napalm contra los japoneses en el Pacífico, y al arrasar brutalmente el norte de Corea unos años después. El imperialismo francés lo utilizó también durante sus fallidas guerras para aplastar las luchas independentistas argelina y vietnamita.

Podemos dar muchos otros ejemplos de esta política bélica bipartidista sembrada de atrocidades.

Aunque Bush tal vez no pueda igualar el historial de Clinton —el presidente más hostil hacia una patria palestina en medio siglo— la nueva administración continuará la trayectoria de su predecesor: apoyar la política de Tel Aviv de negarles a los palestinos sus derechos nacionales y de desatar ataques sangrientos y castigos colectivos contra los jóvenes y trabajadores árabes que luchan por esa meta.

La administración Clinton también encabezó los esfuerzos de los gobernantes imperialistas en Estados Unidos y Europa para restaurar las relaciones sociales capitalistas en Rusia, otras antiguas repúblicas de la Unión Soviética y toda Europa oriental y central. Para Washington esos fueron los días de apogeo de la llamada "terapia de choque" de privatización en estos países, la cual ha tenido consecuencias nefastas para la vida de millones de trabajadores y agricultores y ha provocado el enriquecimiento repentino de un puñado de privilegiados (entre ellos unos profesores de Harvard y otros "asesores económicos", "inversionistas" y "empresarios" estadounidenses que se hicieron ricos como los pillos que son).

Washington presidió la destrucción sistemática de una conquista de la Revolución Yugoslava, la unificación nacional, con la disgregación de ese país de acuerdo a centenarias divisiones nacionales y religiosas. En 1994-95 y nuevamente en 1999, los gobernantes de Estados Unidos y sus aliados en la OTAN desataron misiles de crucero y bombardeos aéreos de largo alcance contra el pueblo trabajador en Serbia, Bosnia, Kosova y otras partes de la antigua Yugoslavia.

Al hacer esto Washington fortaleció la posición del imperialismo estadounidense como la predominante potencia militar "europea".

Durante los años de Clinton, la expansión de la OTAN ha llevado el alcance del poderío militar del imperialismo estadounidense cada vez más cerca de la frontera de Rusia, incorporando como miembros a tres países que antes pertenecían al Pacto de Varsovia: la República Checa, Hungría y Polonia. Durante la campaña presidencial del 2000, tanto Bush como su contrincante demócrata Albert Gore abogaron por una mayor expansión. Con la integración de los siguientes países en la lista —las ex repúblicas soviéticas bálticas de Lituania, Letonia y Estonia (todas anexadas militarmente bajo la dirección de Stalin en 1940)— las presiones militares norteamericanas se acercaron aún más a los principales centros urbanos en Rusia.

La administración Clinton ya ha iniciado planes para desarrollar un sistema contra misiles balísticos (ABM) basado en Alaska, que servirá de punto de partida para que la administración Bush desarrolle un conjunto más extenso de misiles terrestres y basados en submarinos. El objetivo, con respaldo bipartidista en el Congreso, es de usar el poderío militar para

## Expansión de la OTAN y provocaciones de EEUU con misiles

Doce países de Europa oriental y central han sido incorporados a la alianza militar imperialista OTAN desde 1991: los tres estados del Báltico colindantes con Rusia —Estonia, Letonia y Lituania— así como Albania, Bulgaria, Croacia, República Checa, Hungría, Polonia, Rumania, Eslovaquia y Eslovenia.

Ante la brutal anexión de Crimea por parte de Moscú en 2014 y la constante presión militar rusa sobre la frontera con

Ucrania, la cumbre de la OTAN en julio de 2016 violó provocativamente el acuerdo de 1997 de la OTAN con Rusia "sobre relaciones mutuas, cooperación y seguridad".

Washington y otros miembros de la OTAN se comprometieron a que la alianza iba a "cumplir con su defensa colectiva y otras misiones" por medios que no sean el "estacionamiento permanente adicional de sustanciales fuerzas de combate" cerca de la frontera con Rusia. Para justificar su evasión de este pacto, la cumbre en julio de 2016 anunció que la OTAN "rotará" permanentemente hasta 4 mil efectivos norteamericanos, alemanes, británicos y canadienses en Polonia oriental y los estados bálticos.

En junio de 2002 la administración Bush se retiró del Tratado de Misiles Anti-Balísticos (ABM) suscrito con Moscú en 1972. La Casa Blanca puso en marcha planes para instalar sistemas ABM terrestres en Europa oriental, Alaska y California, y sistemas marítimos y terrestres en Asia.

La administración Obama desplegó un sistema terrestre de misiles antibalísticos en Rumania en 2016, y desplegará otro en Polonia en 2018. Un sistema ABM dirigido contra Corea del Norte, China y Rusia entrará en funcionamiento en Corea del Sur en 2017.

Ninguno de estos sistemas ABM acerca a Washington, ni remotamente, a tener la capacidad de destruir los Misiles Balísticos Intercontinentales de largo alcance de Rusia o China en sus fases de lanzamiento y posteriores, y por tanto, ninguno les da a los gobernantes estadounidenses la capacidad de lanzar el primer ataque nuclear. Inclusive, no hay motivos para creer que este sea un objetivo realizable en un futuro inmediato, ante todo, por razones políticas.

incrementar el predominio político de Washington frente a las potencias en Europa que han desarrollado arsenales nucleares: no solo Paris y Londres sino Moscú ante todo.

En términos más inmediatos, un sistema antibalístico norteamericano apuntará contra China y Corea del Norte, dos países en Asia que se libraron del yugo imperialista hace medio siglo. Washington ya tiene cientos de misiles con ojivas nucleares que apuntan contra estos dos países. Al hacer esto, los gobernantes norteamericanos están incorporando a Tokio de forma lenta pero constante al mundo de las armas y sistemas de despliegue nucleares.

Además, los gobernantes norteamericanos quieren infundirle terror al gobierno de cualquier país semicolonial —Iraq, Irán, India, Pakistán— que haya construido defensas basadas en misiles que pudieran usar contra una futura agresión imperialista.

### Defender la revolución socialista cubana

El encuentro de hoy es una celebración al aniversario 40 de la victoria lograda el 19 de abril de 1961 por los defensores cubanos en Playa Girón contra la fuerza mercenaria invasora organizada y financiada por Washington. Durante estas cuatro décadas, el gobierno norteamericano ha tenido un abrumador apoyo bipartidista a favor de su implacable agresión económica, política y militar contra la Revolución Cubana.

En octubre de 2000, durante los últimos meses de su mandato, Clinton firmó una ley de financiamiento agrícola que —además de forrar los bolsillos, una vez más, de las grandes empresas agropecuarias y los agricultores capitalistas a expensas de los pequeños productores y los trabajadores agrícolas— contenía una enmienda que convertía en ley federal las restricciones administrativas a los viajes a Cuba que habían existido durante mucho tiempo. Ahora los residentes estadounidenses que visitan Cuba podrían enfrentar sanciones criminales además de las civiles.

"Washington presidió la destrucción sistemática de la unificación nacional de Yugoslavia —una conquista de la revolución en ese país— cuando la dividió en base a centenarias divisiones nacionales y religiosas".

"Los gobernantes norteamericanos y sus aliados en la OTAN usaron misiles de crucero y bombardeos aéreos desde lejos contra el pueblo trabajador en Serbia, Bosnia y Kosova, en la antigua Yugoslavia".

**Arriba**: Aleksinac, Yugoslavia, un pueblo minero de carbón, bombardeado por fuerzas estadounidenses y de la OTAN el 5 de abril de 1999. Los ataques destruyeron un barrio obrero dejando muertos a 17 civiles y heridos a más de 40. **Abajo**: Hospital en Sarajevo, Yugoslavia, julio de 1992. La enfermera a la derecha perdió la pierna cuando fuerzas serbias en Bosnia, respaldadas por Belgrado, bombardearon a civiles que esperaban en una cola para buscar alimentos.

Entre los muchos actos hostiles contra la Revolución Cubana durante sus ocho años —actos demasiado numerosos para repasar— Clinton firmó en 1996 la llamada Ley de Libertad y Solidaridad Democrática Cubana, también conocida como la Ley Helms-Burton, la cual intensificó el embargo económico norteamericano contra Cuba. Cuatro años antes, como candidato presidencial demócrata en 1992, él fue el abanderado en la promoción de otra medida para intensificar la guerra económica de Washington contra Cuba, la mal llamada Ley de la Democracia Cubana, o Ley Torricelli, suscrita entonces por el presidente republicano George Bush padre.

En uno de los ataques más demostrativos contra el pueblo cubano y su revolución, la administración de los Clinton fue responsable de encerrar en prisiones federales bajo cargos fabricados a cinco revolucionarios cubanos residentes en el sur de Florida: Gerardo Hernández, Ramón Labañino, Antonio Guerrero, Fernando González y René González.

En redadas efectuadas por el FBI el 12 de septiembre de 1998 antes del amanecer, los cinco fueron arrestados y acusados de formar parte de una "red de espías cubanos" en Florida. Después de pasar 17 meses de aislamiento en el "hueco" en el Centro Federal de Detención de Miami, "los Cinco Cubanos", según llegaron a ser conocidos, fueron llevados a juicio en noviembre del 2000 bajo cargos que incluían conspiración para cometer espionaje y, en el caso de Gerardo Hernández, conspiración para cometer asesinato. Al contrario de estas falsas acusaciones, los cinco revolucionarios estaban manteniendo informado al gobierno cubano sobre grupos contrarrevolucionarios en Estados Unidos que planeaban ataques terroristas contra Cuba y contra defensores de la Revolución Cubana en Estados Unidos, Puerto Rico y otros países.

El año pasado, en abril del 2000, la administración Clin-

## Victoria en lucha mundial para liberar a los Cinco Cubanos

**Arriba**: El presidente cubano Raúl Castro (en uniforme) con (de la izquierda) Fernando González, Ramón Labañino, Gerardo Hernández, Antonio Guerrero, René González. **Abajo**: Celebración de la victoria, Camagüey, Cuba.

En junio de 2001, cada uno de los cinco revolucionarios cubanos fue declarado culpable de todos los cargos en su contra, incluido, en el caso de Gerardo Hernández, "conspiración para cometer asesinato". Les impusieron sentencias que variaban entre 15 años y doble cadena perpetua más 15 años. En 2013 y a principios de 2014, Fernando González y René González cumplieron plenamente sus sentencias y regresaron a Cuba.

Gracias a los esfuerzos del gobierno cubano y a una campaña internacional de defensa con amplio apoyo, el 17 de diciembre de 2014 Hernández, Labañino y Guerrero —los tres que seguían presos en Estados Unidos— lograron su libertad. Washington conmutó sus sentencias, y millones de cubanos salieron a las calles a recibirlos.

Ese mismo día el presidente cubano Raúl Castro y el presidente estadounidense Barack Obama anunciaron que se restablecerían las relaciones diplomáticas entre Cuba y Estados Unidos, que los gobernantes norteamericanos habían roto en 1961. Pese al reconocimiento por Obama de que los intentos de asfixiar económicamente a Cuba durante décadas no habían logrado el objetivo de Washington de derrocar la revolución socialista —y que era hora de intentar "algo diferente"— el brutal embargo norteamericano sigue intacto y Washington aún ocupa el territorio de Guantánamo, donde se encuentra el mejor puerto cubano, ubicado en la región oriental de la isla, cuna de las tres revoluciones en los siglos 19 y 20.

ton aprovechó cínicamente el hecho de que durante seis meses había rehusado devolver a Elián González, un niño de seis años de edad, a Cuba —su país natal, donde vivían su padre, sus abuelos y otros parientes cercanos— con el fin de mejorar la imagen del Servicio de Inmigración y Naturalización y sentar precedentes jurídicos que reforzarían los poderes represivos de esa agencia. El allanamiento efectuado en horas de la madrugada por comandos de *la migra* fuertemente armados para sacar al niño de una casa en Miami no solo reforzó los poderes de la Patrulla Fronteriza —poderes que usan cotidianamente contra la clase trabajadora— sino que atentó contra los derechos, amparados por la Cuarta Enmienda de la Constitución, de todos los residentes de Estados Unidos de estar protegidos contra registros e incautaciones arbitrarios.

Ahora la administración Bush, tanto con palabras como con los hechos, está cumpliendo su propia promesa electoral de continuar esta trayectoria, mantenida durante décadas, de tratar de derrocar la revolución socialista cubana de una manera u otra.

**'Zar' de espionaje dentro y fuera de EE.UU.**
Durante los últimos días de su mandato, Clinton emitió una orden presidencial que creó el puesto de "zar de contrainteligencia" —oficialmente el Ejecutivo Nacional de Contrainteligencia— y esta misma semana Bush hizo un nombramiento a este nuevo cargo de espionaje de alto nivel.

Según los informes de prensa, ese puesto está "diseñado para facilitar un nivel inédito de cooperación entre el FBI, la CIA y el Pentágono, y por primera vez va a involucrar al resto del gobierno y también al sector privado. *¿También al sector privado?* ¿Qué agencias policiacas del "sector privado" están incluidas? ¿Que policías rompehuelgas alquilados gozarán ahora de más protección y estímulos por parte del gobierno federal? ¿A cuáles patrones intrusos de todo tipo van a involucrar?

Un periodista de la prensa burguesa que cubría el nuevo puesto escribió que esto obligará "al público estadounidense a reexaminar conceptos, aceptados durante mucho tiempo, de qué es lo que constituye la seguridad nacional y qué constituyen los límites, anteriormente claros, entre el mantenimiento del orden público dentro del país, la re-

> **Cuarta Enmienda bajo ataque**
>
> Tras los ataques del 11 de septiembre, las administraciones Bush y Obama y el Congreso ampliaron las medidas ya tomadas por la administración Clinton para socavar los derechos políticos. A principios de 2005 el Ejecutivo Nacional de Contrainteligencia fue subordinado a un "zar de inteligencia" con aún más poderes: el nuevo cargo de Director de Inteligencia Nacional. Este responde al presidente en la supervisión e integración de las operaciones de 17 agencias federales policiales y de espionaje, desde la CIA y el FBI hasta las agencias de inteligencia en las fuerzas armadas.
>
> Washington ha expandido las intervenciones de teléfonos y del correo electrónico y la Internet; el rastreo de transacciones financieras nacionales e internacionales; el monitoreo de listas de pasajeros de aerolíneas y otros medios de transporte; y el espionaje contra grupos políticos e individuos que se oponen a la política de Washington. Estas medidas fueron promulgadas inicialmente como parte de la Ley Patriota, aprobada en 2001 con un solo voto en contra en el Senado y 66 en la Cámara de Representantes, y renovada en 2011. Luego fueron incorporadas, con unos pocos cambios cosméticos, en la Ley de la Libertad USA (USA Freedom Act), aprobada por una coalición bipartidista en el Congreso y firmada por Obama en 2015.

colección de inteligencia en el exterior y el estado de preparación para la defensa".

En resumen, el zar de contrainteligencia integrará las operaciones "antiterroristas" de Washington: desde Irán, Corea y Somalia hasta la nueva familia de inmigrantes que vive en la próxima cuadra. Integrará la "guerra antidrogas" de los gobernantes norteamericanos: desde las nuevas bases estadounidenses en Colombia y Ecuador hasta los barrios obreros y los vestuarios en las fábricas por toda Norteamérica. Centralizará a los soplones, las escuchas electrónicas, el espionaje al correo postal y electrónico, y a los simples chivatos y chismosos del vecindario. Concentrará las operaciones policiacas secretas dirigidas tanto contra los "enemigos" en otros países como contra el movimiento sindical y las organizaciones de protesta social en Estados Unidos.

Ya sea que la acusación sea "poner en peligro la seguridad nacional" o "entregar secretos comerciales", los gobernantes norteamericanos buscarán fabricar un caso que dé resultados.

No me refiero al nuevo zar de contrainteligencia de las administraciones Clinton y Bush porque haya motivos para anticipar una marejada de represión a la vuelta de la esquina. Pero los gobernantes estadounidenses ya están empezando a cambiar lo que hicieron durante la última década. Saben que van a enfrentar batallas más grandes y numerosas a medida que la competencia capitalista internacional los obligue a recortar salarios, prolongar la jornada laboral, intensificar el ritmo de producción, reducir las protecciones del Seguro Social y golpear más a los sindicatos... por todo el mundo. Y se están preparando para defender sus intereses de clase.

SEGUNDA PARTE

# Las raíces de la crisis financiera mundial de 2008

*(Mayo de 2008)*

SEGUNDA PARTE

# Las raíces de la crisis financiera mundial de 2008

(MAYO DE 2008)

YA HAN PASADO siete años desde que los Clinton desocuparon la Casa Blanca. Si uno escucha lo que dicen Hillary Clinton, Barack Obama y el propio ex presidente, parecería que a George W. Bush y al Partido Republicano se le pueden achacar casi todos los males actuales, desde la guerra que continúa en Iraq hasta la caída de los salarios reales y del número de empleos para los trabajadores, la orgía de destrucción por parte de las altas finanzas y mucho más.

En la campaña para las elecciones primarias demócratas, a "Bill" Clinton se ha dado por decir modestamente los años que él y Hillary ocuparon la Casa Blanca, de 1993 a 2001, fueron "los mejores ocho años que nosotros hemos tenido en la historia moderna". (Sí, "*nosotros*".)

Corrientes en el movimiento obrero tales como el Partido Comunista de Estados Unidos, al igual que la mayoría de los radicales de clase media y autoproclamados socialistas, promueven insistentemente este mismo cuento de que "el problema es Bush". Todos nos quieren hacer creer que la política, tanto nacional como internacional, seguida desde que Clinton dejó el cargo en 2001 fue creada de la nada por los republicanos.

Para sostener su argumento, los demócratas y sus defensores cuentan con la ambición de los burgueses "de afuera" para volver a ser los "de adentro", un ciclo que ha sido parte del juego bipartidista capitalista por más de un siglo. También cuentan con que tengamos mala memoria. Pero los trabajadores con conciencia de clase no son los únicos que tienen una capacidad de atención histórica más larga que eso.

Los elementos más importantes de la política interior y exterior que hoy día se atribuyen muy comúnmente a la administración Bush surgieron durante los años cuando los Clinton estaban "alquilando" el Dormitorio Lincoln.* Durante la época cuando Robert Rubin era el secretario del Tesoro, seguido por Lawrence Summers. Y Newt Gingrich era el presidente republicano de la Cámara de Representantes.

**Imperialismo y guerra**

La "guerra contra el terrorismo" comenzó mucho antes del 11 de septiembre. Tras el colapso del régimen burocrático

---

* Entre 1993 y 1996, más de 800 "huéspedes" de la Casa Blanca —invitados por los Clinton a pasar la noche en el histórico Dormitorio Lincoln— donaron por lo menos 5.2 millones de dólares al Comité Nacional Demócrata. Entre ellos había acaudalados ejecutivos de empresas y financieros de todo tipo, así como celebridades como Steven Spielberg y Barbra Streisand.

Cuando este chanchullo de alto nivel —subastar el acceso político a la Casa Blanca— salió a la luz en 1997, el presidente Clinton defendió la práctica diciendo, "Eran mis amigos, y me sentía orgulloso de tenerlos aquí. Y no creo que las personas que recauden fondos legalmente para personas que se postulan para cargos públicos sean malas personas. Creo que son buenas personas. Ellos hacen que funcione el sistema que tenemos ahora". *¡Puede estar seguro de eso!*

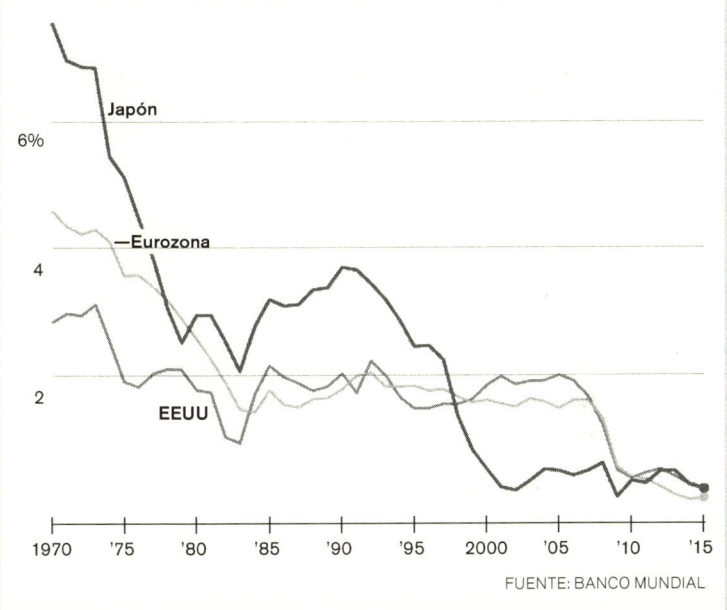

## La depresión a fuego lento del capitalismo mundial

*Crecimiento anual del PIB per cápita*

FUENTE: BANCO MUNDIAL

En 2016 la mayoría de los trabajadores se reirían con burla e indignación ante la afirmación del presidente de que fueron "los mejores ocho años que hemos tenido en la historia moderna". Pero eso no ha impedido que Barack Obama o Hillary Clinton digan cosas tan absurdas como que la economía "está de lo más bien ahora" (Obama, marzo de 2016), o que "nuestra economía está mucho más fuerte" desde que Obama fue elegido (Clinton en la convención demócrata en julio de 2016).

Los hechos ofrecen un cuadro muy diferente. Desde 2006 el crecimiento económico per cápita en Estados Unidos (es decir, el cambio anual en lo que el gobierno llama el Producto Interno Bruto, o PIB) ha bajado mucho en comparación con el nivel de casi el 4 por ciento que promedió durante los 50 años anteriores. La tasa de crecimiento per cápita desde 2006 ha promediado en menos del 0.5 por ciento: *sí, menos de la mitad de uno por ciento por año*. Y el capitalismo estadounidense está en mejores condiciones que la mayoría de sus rivales imperialistas en Europa, el Pacífico y Asia.

Además, la inversión interna bruta en plantas, equipos y empleos que aumentan la capacidad productiva ha disminuido desde antes de la crisis de 2007–2008, como también se han reducido los gastos en carreteras, transporte público y otros proyectos de infraestructura de los gobiernos locales, estatales y federal.

estalinista en la Unión Soviética en 1991 y la desintegración del Pacto de Varsovia, la administración Clinton sentó las bases de los esfuerzos de la burguesía imperialista para "transformar", reestructurar y fortalecer su postura militar, tanto dentro de Estados Unidos como en el exterior. Las medidas iniciales incluyeron nuevas leyes que socavan los derechos constitucionales del pueblo trabajador en Estados Unidos, desde las detenciones basadas en "pruebas secretas" hasta las deportaciones sin posibilidad de revisión judicial o apelación.

Las guerras organizadas por Washington en Afganistán (desde septiembre de 2001) e Iraq (marzo de 2003) han durado más que la sangrienta participación de Washington en la Segunda Guerra Mundial. Y están lejos de terminar, y tampoco pueden ser contenidas en sus escenarios originales.

Los tres candidatos presidenciales en 2008 —John McCain, quien ya tiene asegurada la nominación republicana, y los dos sobrevivientes de las primarias demócratas, Hillary Clinton y Barack Obama— dicen que el gobierno norteamericano debe enviar más tropas a Afganistán y debió haberlo hecho hace mucho tiempo. McCain, quien va cerrando la brecha con Obama y Clinton en las encuestas, está basando gran parte de su campaña en presentarse como el candidato cuyo apoyo enérgico a la "oleada" (*surge*) de soldados en Iraq y su extensión a Afganistán ofrece la mejor posibilidad de regresar a casa al mayor número de soldados norteamericanos lo más rápidamente posible.

Ni uno de estos candidatos capitalistas apoya el único curso que responde a los intereses del pueblo trabajador en Estados Unidos y el mundo: la retirada inmediata e incondicional de todas las tropas estadounidenses de Iraq y Afganistán, y de cualquier otro país donde haya fuerzas norteamericanas. Solo el Partido Socialista de los Trabajadores —y nuestros candidatos en 2008, Róger Calero para presidente y su compañera de fórmula, Alyson Kennedy— están haciendo campaña a favor de esa demanda.

**Moldean a un 'nuevo' demócrata**

Antes de que Clinton fuera electo a la presidencia en 1992, sectores dominantes de la clase gobernante estadounidense lo habían moldeado para que condujera a los liberales del Partido Demócrata hacia la derecha, hacia el "centro".

Desde mediados de los años 70, cuando el capitalismo fue estremecido por su primera recesión global desde la Segunda Guerra Mundial, la clase patronal ha tenido un margen más y más reducido para hacer concesiones económicas y sociales sustanciales al pueblo trabajador. La tarea de Clinton era distanciar el partido de los programas de asistencia social al estilo "Nuevo Trato", que muchos tra-

"Ninguno de los candidatos presidenciales apoya el único curso que responde a los intereses del pueblo trabajador en el mundo: la retirada inmediata e incondicional de las tropas norteamericanas de todos los países donde están emplazadas".

**Arriba**: Dan Fein (centro), candidato del Partido Socialista de los Trabajadores para alcalde de Nueva York, en una marcha en Washington contra guerras norteamericanas en Iraq y Afganistán, marzo de 2009.
**Recuadro**: Mary Martin (con megáfono), candidata del Partido Socialista de los Trabajadores a gobernadora del estado de Washington, en un acto en Seattle en defensa de la lucha de los kurdos por la liberación, agosto de 2015.

bajadores asociaban con ese partido. El Partido Demócrata se ha atribuido estos programas desde que las ascendientes batallas obreras de los años 30 le arrancaron concesiones a la administración de Franklin D. Roosevelt durante la Gran Depresión. Desde el Nuevo Trato hasta la "Gran Sociedad" de Lyndon Johnson a mediados de los 60, esos programas habían sido el pegamento que mantenía unida la heterogénea coalición del Partido Demócrata.

A la vez que se arropaba con el manto "progresista" de los demócratas, la administración Clinton se dedicó a cambiar la fisonomía del partido a tal grado que lo que antes había sido su "centro moderado" se convertiría en su amplia mayoría, y redefiniría lo que es un demócrata liberal. Como parte de su aprendizaje, él estuvo 12 años como gobernador de Arkansas. Presidió la Asociación Nacional de Gobernadores en 1986–87 y, en 1991, el Consejo de Liderazgo Demócrata (DLC), fundado seis años antes para empujar el partido en esa dirección.

Al segundo año de la presidencia de Clinton, en noviembre de 1994, una mayoría republicana fue electa a la Cámara de Representantes y se aceleró una convergencia bipartidista. Solamente en el año 1996 se eliminó la "asistencia social tal como la conocemos", se aprobó la "Ley de Antiterrorismo y Pena Capital Eficaz" y se promulgó la "Ley de Reforma a la Inmigración Ilegal y de Responsabilidad del Inmigrante", el mayor ataque contra los derechos de los trabajadores nacidos en el exterior desde el final de la Segunda Guerra Mundial.

La administración Clinton también aceleró las medidas de los gobernantes norteamericanos para tratar de contrarrestar la caída de la tasa de ganancias y los ingresos "inadecuados" de los patrones en las inversiones de capital. El objetivo era "estimular" a los capitalistas a que expandieran las plantas y equipos industriales y contrataran a números crecientes de trabajadores en la producción. Con ese fin la administración y el Congreso aprobaron leyes que, junto con otras medidas de la Casa Blanca, ayudaron a la clase patronal a edificar la enorme estructura de deuda doméstica, inmobiliaria, corporativa y gubernamental, y toda la gama correspondiente de derivados. Esa estructura comenzó a derrumbarse con el inicio de una crisis financiera mundial en 2007 y su aceleración a principios de este año.

Nadie sabe, ni puede saber, cómo se va a desarrollar esta crisis financiera. Pero esta no es el resultado de "políticas equivocadas". Es producto del funcionamiento de las leyes del mismo capitalismo. Es una consecuencia, y no una causa, del desarrollo del capital financiero. Las grandes familias propietarias en Estados Unidos no tienen más remedio que seguir este rumbo impelido por las deudas.

Hace apenas un mes o dos, en marzo de 2008, el Banco de la Reserva Federal de Nueva York tuvo que dedicar 30 mil millones de dólares como reserva para las posibles pérdidas de los tenedores de bonos de la casa de inversiones Bear Stearns, la quinta más grande de Estados Unidos antes de su quiebra. Y las medidas que tomó la Reserva Federal al financiar la compra de Bear Stearns por JPMorgan Chase a un precio de ganga le mandaron un mensaje al capital financiero de que el gobierno norteamericano asumiría masivos riesgos "privados" a fin de evitar un creciente colapso en el pago de deudas.

Es un simple hecho y no una profecía que hoy, en mayo de 2008, millones de "dueños de viviendas" enfrentan alzas abruptas en los intereses que deben pagar por riesgosas hipotecas de tasa ajustable en Estados Unidos: una ola creciente que continuará durante varios años y provocará más impagos de préstamos y ejecuciones hipotecarias. Habrá mayores cancelaciones (*write-offs*) de pérdidas por parte de los bancos, fondos de cobertura (*hedge funds*), compañías de seguros y otros tenedores de deudas hipotecarias y contratos de derivados.

Un sinnúmero de políticos burgueses y comentaristas financieros han tratado de culpar al ex presidente de la Reserva Federal, Alan Greenspan, por la creciente "crisis hipotecaria". En días más felices, muchos de ellos lo habían elogiado —algunos hasta lo coronaron como "el maestro"— por los 20 años de servicio que les brindó a cuatro presidentes, tanto demócratas como republicanos, desde que fue nombrado por Reagan en 1987 hasta que abandonó la Reserva Federal a principios de 2006, durante la administración de George W. Bush. Los nuevos críticos de Greenspan señalan discursos que él dio en 2004 y 2005 donde exaltó la "innovación que ha traído una multitud de productos nuevos como los préstamos *subprime* [de alto riesgo], que han permitido que los "solicitantes que antes eran más marginales" —eufemismo burgués que significa familias obreras de bajos ingresos— compren casas. (Y que las pierdan cuando ya no puedan cumplir con los pagos y se endeuden más y más.)

Sin embargo, Greenspan ha desinflado las pretensiones de estos críticos al señalar su miopía de clase. En sus memorias, *The Age of Turbulence* (La era de la turbulencia), publicadas en 2007, Greenspan no ofrece disculpas. Independientemente de cualquier desliz que haya cometido respecto a un tipo específico de hipoteca, afirma, "el riesgo valió la pena" para aumentar el número de dueños de casas. La "protección de los derechos de propiedad, tan vitales para una economía de mercado" —es decir, para los amos del capital— subraya Greenspan, "requiere de una masa crítica de propietarios para mantener el apoyo político". A los que ahora lo reprochan, el ex presidente de la Reserva Federal les dice: ¿Qué plan tienen ustedes para tratar de persuadir a los trabajadores de que también ellos son "propietarios" con un interés en preservar el sistema capitalista?

Pero Alan Greenspan por sí solo no fue responsable —y no podría haberlo sido— de la expansión casi maniática de la deuda hipotecaria en Estados Unidos, ni tampoco de su inevitable colapso. Él no provocó la caída de los precios de las viviendas y las crisis hipotecarias que se han desencadenado en el Reino Unido, Irlanda, España y otros países. Ningún desbocado presidente de la Reserva Federal —supuestamente actuando en contra de la trayectoria y los intereses de la clase que sirve— es responsable de excesivas deudas capitalistas.

Al contrario. Durante por lo menos la última mitad del mandato de Greenspan, bancos de inversiones como el JPMorgan Chase y Goldman Sachs estaban entablando transacciones de derivados cada vez más complejas, con un apalancamiento de aproximadamente 30 a 1 (es decir, 30 dólares en obligaciones de pagos por cada dólar de sus propios activos). Y los llamados fondos de cobertura, empresas de capital riesgo (*equity capital firms*), comerciantes de divisas, agiotistas en el mercado de futuros de productos alimentarios y otros comerciantes de lo que Carlos Marx describía como "capital ficticio" estaban haciendo lo mismo, ¡en muchos casos con un apalancamiento de 50 o hasta 100 a 1!

## 'Rescates' de bancos y unicornios

El colapso bancario continuó durante todo 2008, con el colapso del banco de inversiones Lehman Brothers, así como el rescate —respaldado por el gobierno— de tambaleantes bancos, agencias de corretaje, enormes aseguradoras, compañías financieras, empresas prestamistas y manufactureros como la General Motors y la Chrysler. La revista *Forbes* calcula que el precio total de los rescates federales sumó 16 billones (millones de millones) de dólares.

Para frenar esta espiral, a principios de 2009 la FASB (Junta de Normas de Contabilidad Financiera) —institución capitalista "privada" que establece las reglas de contabilidad en Estados Unidos— dio su bendición, a instancias de políticos de ambos partidos en Washington, a la práctica de maquillar las cuentas. La FASB dictaminó que las instituciones financieras ya no tenían que poner un precio en dólares a los "activos" riesgosos o en proceso de quiebra que reflejaran la suma por la que podrían ser comprados o vendidos en los mercados.

En vez de la llamada contabilidad *mark to market* (valorar según el mercado), la FASB ahora les permitió "considerable margen de juicio" a los bancos, las empresas hipotecarias y otras instituciones financieras al borde de la quiebra (y otras que no lo estaban). Estos podían "estimar" el valor de sus propios "activos" y, por tanto, de sus pérdidas.

Esto se denominó oficialmente la contabilidad *mark to model* (valorar según el modelo), pero muy pronto llegó a conocerse como la contabilidad *mark to unicorn* (valorar según el unicornio). Gracias a esta prestidigitación, para citar solo un ejemplo, en 2012 y 2013 el Bank of America pudo "desaparecer" unos 7.6 mil millones de dólares en pérdidas acumuladas y declarar un ingreso neto de 4 mil millones de dólares.

¡Si solo los trabajadores y agricultores endeudados pudieran obtener algunos de esos unicornios!

Para finales de 2007, el valor total mundial de estos derivados alcanzó la suma inimaginable de 596 billones (millones de millones) de dólares. En 2007 la variedad más "popular" de estas apuestas masivamente apalancadas aumentó al doble: las llamadas permutas (*swaps*) de incumplimientos crediticios, supuestamente una forma de "seguro" contra el impago de estas transacciones muy riesgosas. Pero cuando el rumbo de los mercados financieros cambió a paso acelerado a fines de 2007, el antídoto se convirtió en veneno.

Durante las dos décadas desde que la caída de la bolsa de valores en 1987 les infundió terror a los gobernantes norteamericanos, ellos han maniobrado para evitar una profunda caída económica. En su intento de mantener bajos los precios y las tasas de interés, al mismo tiempo que gastan miles de millones para las guerras desde Iraq hasta Yugoslavia y Afganistán, su creciente deuda ha sido financiada más y más por gobiernos e individuos adinerados por todo el mundo. Sin contar los bonos del Tesoro en poder del banco de la Reserva Federal, hoy día más de la mitad de estos bonos —el principal instrumento de crédito del gobierno norteamericano— están, por primera vez en la historia, en poder de estas entidades extranjeras.

Los capitalistas en China, quienes predominan crecientemente en el gobierno, han sido prestamistas especialmente ávidos para Washington y Wall Street. Para diciembre de 2007, habían comprado casi 500 mil millones de dólares en bonos del Tesoro norteamericano: más del 20 por ciento de estos certificados a nivel mundial, y en unos meses superaron a Japón como principal tenedor de bonos.

El régimen de Beijing mantiene la política de ayudar a mantener fuerte el dólar estadounidense y mantener una ventaja competitiva para los artículos manufacturados chinos en los mercados mundiales. Están sacrificando mejoras a cambio de los salarios, programas de bienestar social y condiciones de vida de cientos de millones de trabajadores y campesinos en China en aras de aumentar los ingresos por exportaciones que forran los bolsillos de crecientes capas propietarias y de la burocracia privilegiada en el estado y el partido del nuevo mandarinato capitalista. Lo han hecho al mismo tiempo que intensifican la explotación de los trabajadores y campesinos por toda África, Asia y otras partes del mundo para acumular capital en China.

Para finales de 2008 el imperialismo norteamericano habrá gastado unos 900 mil millones de dólares en sus guerras en Afganistán e Iraq, y, al continuar el derramamiento de sangre, las cifras van rumbo a los millones de millones. Además, la clase dominante norteamericana ha ondeado una y otra vez la camisa ensangrentada del 11 de septiembre para casi duplicar sus gastos bélicos (lo que llaman un presupuesto de "defensa"): de 308 mil millones de dólares en 2001 a casi 600 mil millones en 2008. ¿Cómo se están pagando estas guerras? Están siendo financiadas por la deuda.

De hecho, por primera vez en la historia de Estados Unidos, la clase dominante norteamericana está librando una guerra de mayores proporciones sobre múltiples frentes y a lo largo de muchos años sin hacer llamamientos patrióticos al "sacrificio": sin recortar drásticamente los gastos nacionales del gobierno, sin imponer nuevos impuestos elevados, sin imponerles bonos de la "victoria" al pueblo trabajador y a las clases medias. Esta vez, al menos por un cierto tiempo, los bonos de la "victoria" los están comprando capitalistas y otros individuos e instituciones acaudaladas en Estados Unidos, Japón, China y muchos otros países.

TERCERA PARTE

# Cómo los Clinton maquillaron las cuentas

*(Mayo de 2008)*

TERCERA PARTE

# Cómo los Clinton maquillaron las cuentas

(MAYO DE 2008)

ANTES DE LA INVESTIDURA presidencial de Bill Clinton en enero de 1993, el capitalismo había sido sacudido por dos recesiones profundas: en 1974–75 (el primer bajón sincronizado en los países imperialistas desde la Gran Depresión de los años 30) y en 1981–82, con un par de explosivos brotes de inflación durante esos años. El pueblo trabajador no solo sufrió fuertes aumentos de precios y "escaseces" de carne y gasolina sino al mismo tiempo un creciente desempleo.

Aun cuando se usan las propias estadísticas engañosas de Washington, la tasa oficial de desempleo se disparó a más del 10 por ciento en 1982–83. La inflación alcanzó casi el 15 por ciento en 1980. La tasa de interés de 30 años de los bonos del Tesoro (el "bono largo") alcanzó casi el 15 por ciento en 1981, y la llamada tasa de interés "preferencial" —que sirve de base para los préstamos hipotecarios, para autos y otros "préstamos al consumidor"— subió al 21 por ciento.

Durante los años de Clinton la clase patronal en Estados Unidos tomó medidas enérgicas para contrarrestar las presiones negativas sobre sus márgenes de ganancia. Los patrones mantuvieron bajos los aumentos salariales, confiando en que la inflación recortaría severamente el poder adquisitivo de los salarios reales y las prestaciones. Aceleraron la producción, prolongaron la semana laboral y aumentaron el trabajo temporal y de media jornada.

Al servicio del capital financiero y de los bonistas norteamericanos, Clinton se empecinó también en perseguir un "superávit presupuestario" federal. Uno de los factores que incidieron mucho fue el ingreso tributario imprevisto que provino de la manía de las "acciones de empresas tecnológicas" a finales de los 90. Y las reducciones temporales de gastos militares, posibilitadas por la desintegración de la Unión Soviética (y la reaparición de Rusia) y el colapso del Pacto de Varsovia, resultaron en lo que la clase dominante estadounidense proclamó como un "dividendo de paz". Clinton redujo en casi el 25 por ciento el número de soldados norteamericanos en servicio activo durante sus ocho años de presidencia, como parte del inicio de una transformación de la "huella" militar global de Washington en preparación para futuras guerras. El gobierno norteamericano recortó su presupuesto de guerra en un 37 por ciento como proporción del Producto Interno Bruto.*

Pero la Casa Blanca de los Clinton no usó los ahorros para "el pueblo", como dijo que haría. Al contrario, el "dividendo de paz" terminó siendo más bien un "dividendo de la guerra de clases" al interior de Estados Unidos. La

---

* Después de los ataques del 11 de septiembre de 2001, los gastos militares norteamericanos en términos reales, tomando en cuenta la inflación, casi se duplicaron en la siguiente década y media con las administraciones de George W. Bush y Barack Obama.

administración Clinton y el Congreso recortaron los gastos federales para la Seguridad Social y desembolsos sociales afines, la educación, los beneficios para veteranos, el transporte público, la investigación científica. Recortaron todas las principales categorías de gastos públicos excepto la salud y el Medicare (organizado como bonanza para las compañías de seguros, los HMO y otras empresas médicas), la agricultura (más subsidios jugosos para los agricultores capitalistas y las agroempresas), y la "justicia" (miles de millones para más policías con más armas fuertes, y para las cortes, las prisiones, la modernización de la vigilancia electrónica y las salas de ejecución).

El repunte del ciclo comercial durante ese período fue prolongado comparado con las normas anteriores; duró 10 años, hasta el inicio de la recesión de 2001. Pero no se basó en un aumento de la inversión de capitales para expandir la capacidad productiva, que incorporaría a más trabajadores a fábricas y minas nuevas o reequipadas, y que aumentaría mucho la producción de bienes vendibles. Más bien, ese repunte fue producto de la acumulación de una enorme montaña de deudas y un gigantesco aumento de "instrumentos de deudas" con derivados especulativos, una mezcla tóxica que estalló en el nuevo milenio con la crisis financiera y la contracción económica que apenas han empezado.

### Dando una mano a los grandes bancos

Mucho antes del colapso del castillo de naipes financiero del capitalismo norteamericano, la administración Clinton tendido una mano a los grandes bancos con la eliminación de regulaciones que los banqueros y otros intereses financieros consideraban "inconvenientes".

En 1999 Robert Rubin, secretario del Tesoro y antiguo copresidente de la Goldman Sachs, y su subsecretario Lawrence Summers presidieron la derogación de la Ley Glass-Steagall, que los gobernantes norteamericanos impusieron en 1933 en respuesta a la ola de quiebras bancarias al comienzo de la Gran Depresión. La clase dominante había utilizado la Glass-Steagall, entre otras medidas, para estabilizar el sistema capitalista, imponiendo una separación total entre los bancos comerciales, por un lado, y, por el otro, las compañías de seguros, corretajes de valores y bancos de inversiones.

(Los bancos comerciales supuestamente obtienen ganancias recibiendo el dinero que individuos y negocios depositan en cuentas corrientes y de ahorros, y prestando esos fondos —a tasas de interés más altas— a negocios, compradores de casas y otras personas. En cambio, las ganancias de los llamados bancos de inversiones provienen de las cuotas que cobran a cambio de sus "servicios" a compañías y gobiernos, para lo cual recaudan capital emitiendo bonos, acciones y otros "productos financieros" muy riesgosos. Estos "productos financieros" incluyen cada vez más fusiones y adquisiciones realizadas con la esperanza de frenar la caída de las tasas de ganancia, y la especulación "interna" muy apalancada utilizando sus propios fondos.)

La maravillosamente denominada Ley de Modernización de Servicios Financieros, que Clinton promulgó en noviembre de 1999, permitió franquear ese muro, acelerando y magnificando los resultados de las operaciones financieras y de capitales. Proliferaron las fusiones de bancos de depósitos, bancos de inversiones, corretajes y compañías de seguros. Ante todo, se abrieron las compuertas a una expansión masiva de los llamados derivados, las deudas "titularizadas", las operaciones bancarias "fuera de balance" y operaciones "en la sombra": en resumen, complejas apuestas que continuarían en ascenso el boom financiero capitalista y la adquisición colosal de deudas del Tesoro norteamericano por parte de los gobiernos de China, Japón y otros países. Sumas cada vez más pequeñas de garantía (*collateral*) —a veces poca o cero garantía— respaldaban préstamos más apalancados que nunca, con menos y menos estipulaciones de cualquier tipo para riesgos que se disparaban por las nubes.

Un buen ejemplo es Citigroup, uno de los mayores bancos en Estados Unidos. La Ley de Modernización de Servicios Financieros de la administración Clinton fue aprobada poco después de que Citigroup fue creado en 1998 mediante la fusión de Citicorp (entonces el banco comercial más grande de Estados Unidos), la gigantesca compañía de seguros Travelers y la casa de inversiones Salomon Smith Barney. Fue un matrimonio dichoso, pero sin la derogación de la Glass-Steagall, habría sido necesario, por ley, anularlo al cabo de dos años.

En julio de 1999, Rubin entregó las riendas del Tesoro a Summers, quien a su vez coordinó la aprobación de la ley en el Congreso y la elogió como "la base del sistema financiero del siglo 21". Apenas cuatro meses después, en octubre de 1999, ¡Rubin desvergonzadamente aceptó un empleo con un sueldo inicial de 40 millones de dólares anuales como presidente del comité ejecutivo de Citigroup! No es por nada que muchos tildaron la nueva ley de Clinton como la "Ley de Autorización de Citigroup".

Rubin continuó en ese puesto hasta 2009, cuando Citigroup sufrió pérdidas y cancelaciones de más de 40 mil millones de dólares —sí, miles de millones— por el fracaso de derivados y otros "instrumentos de deudas". ¡Qué poco vale la "magia" de un ex corredor de bonos de Goldman Sachs frente a la ley del valor del trabajo!

**Manipulaciones del precio del oro**

La administración Clinton se empeñó activamente en mantener bajos los precios mundiales del oro, ayudando así a preservar un "dólar fuerte" y mantener las tasas de intereses relativamente bajas. Entre otras cosas, la Casa Blanca instó a que el Fondo Monetario Internacional y los gobiernos imperialistas rivales de Washington (por supuesto, ellos no) vendieran públicamente sus reservas de lingotes.

Los ingresos de estas ventas de oro, sermoneó Washington cínicamente, se podrían usar para "condonar deudas" a fin de "ayudar a países del Tercer Mundo" agobiados por sus pagos de intereses sobre préstamos externos. Al testificar ante el Congreso en abril de 1999, el entonces subsecretario del Tesoro Summers dijo que estos recursos se podrían utilizar para apoyar "a los países más pobres del mundo, especialmente a los abrumados por una deuda insostenible". Prometió que estas ventas de oro podrían "realizarse de manera de minimizar cualquier impacto adverso a los tenedores y productores de oro y al mercado del oro".

El resultado de este embuste de la administración Clinton no se hizo esperar. En mayo de 1999, cuando los precios mundiales del oro ya eran los más bajos desde mediados de los años 70, Gordon Brown —entonces ministro del tesoro del Reino Unido, hoy su primer ministro— anunció que Londres pronto comenzaría a vender la mitad de sus reservas de oro. Al contrario de la promesa de Summers de que estas ventas podrían "realizarse de manera de minimizar cualquier impacto adverso", el anuncio de Brown desató un pánico tan grande en las bolsas mundiales que los precios del oro bajaron otro 10 por ciento en las semanas siguientes, hasta 253 dólares la onza, el punto más bajo en 20 años. A ese precio, ¡Brown rápidamente vendió más!

En cuanto a ayudar a los "países más pobres del mundo", basta recordar que entre los principales exportadores mundiales de oro se encuentran países semicoloniales como Perú, Indonesia, Uzbekistán, Papua-Nueva Guinea, Chile, Ghana, Malí y Tanzania, así como Sudáfrica, ¡cuyos ingresos por la extracción y exportación del oro y otros metales preciosos quedaron devastados!

Durante los años siguientes, los bancos centrales del Reino Unido, Suiza y Canadá vendieron más de la mitad de sus reservas de oro —a precios históricamente bajos— y otros bancos centrales también vendieron reservas importantes. *Entretanto, el Tesoro norteamericano prácticamente no vendió nada de sus propias reservas de oro*, las cuales —casi 9 mil toneladas— representan con mucho el mayor acaparamiento del mundo (la cuarta parte de las reservas de oro a nivel mundial). A partir de 2002 los precios del oro comenzaron un lento ascenso, que después de unos años se aceleró. Para mayo de 2008 el valor comercial de las reservas de Washington había aumentado en más del triple: de 67 mil millones a casi 225 mil millones de dólares.

¡Vaya plan para ayudar a los "países más pobres del mundo"! Y de paso, aventajar a tus "amigos" imperialistas!

**Falsificando el costo de vida...**
La administración Clinton también ofreció una bonanza de ganancias a la clase patronal al amañar la manera en que se calculan los ajustes anuales por el costo de vida en el pago de los salarios, el Seguro Social y otros beneficios

## ¿Suben demasiado despacio los precios?

Los empleadores y su gobierno pretenden convencernos de que en 2016 ya no son importantes los aumentos por el costo de vida en los salarios, las pensiones y otros ingresos de que dependen los trabajadores. Después de todo, según dicen, el aumento en la llamada "inflación general" se mantiene en "solo" uno por ciento.

La Junta de la Reserva Federal hasta nos dice que actualmente la "inflación" está "demasiado baja". El "objetivo" de la junta es un incremento anual del 2 por ciento, ¡casi el doble de la tasa actual!

Sin embargo, los trabajadores saben por lo que ven en las cajas registradoras y sus pagos de facturas lo que ilustra el gráfico de arriba. Antes de la "revisión" de Clinton (ver sección "Falsificando el costo de vida"), hasta la cifra oficial del alza de los precios de los artículos que compramos ha subido mucho más que 1 por ciento. Para citar unos ejemplos del año 2015, las tarifas del transporte han subido en más del 5 por ciento; el precio del almuerzo escolar en un 5.5 por ciento; y el seguro médico en más del 7 por ciento (¡y mucho más está por venir!).

Regresando al año 2000, si bien la tasa de "inflación ge-

> neral" ofrecida por el gobierno ha subido en un 42 por ciento durante esa década y media, la realidad es que la matrícula, las tarifas escolares y los servicios de cuidado infantil han subido en un 124 por ciento; la vivienda en 63 por ciento; los gastos médicos en 81 por ciento; y la comida y las bebidas en 48 por ciento.

para decenas de millones de trabajadores y familias obreras en Estados Unidos. Esta es una cuestión decisiva para el pueblo trabajador, como lo demuestra el hecho de que los salarios reales en este país en 2008 —aun según las estadísticas del gobierno— son un 10 por ciento más bajos de lo que eran hace 35 años, en 1973.

En 1997 la administración Clinton, al implementar las propuestas de una comisión bipartidista nombrada por el Senado, decretó que la principal forma con que el gobierno mide la inflación —el Índice del Precio al Consumidor (CPI)— se calcularía, de ahora en adelante, de manera de reducir considerablemente las cifras oficiales de los precios. Esta obra de prestidigitación se logró con dos trucos en particular.

Primero, la comisión alegó haber descubierto un sorprendente error de omisión en la forma en que se calculaban las cifras de inflación desde que se había comenzado a documentar esas estadísticas décadas atrás. Anteriormente, por ejemplo, si el precio de un bistec subía, ese aumento se reflejaba en las cifras del CPI. Pero de repente los comisionados se dieron cuenta que cuando el bistec es demasiado caro, "la gente" sencillamente lo reemplaza comprando carne picada para hamburguesas. Así que el costo de la hamburguesa debería reemplazar el precio del bistec en el CPI. ¡*Shazam!* ¡Cero inflación en el costo de la carne!

Al reportar los cambios en el costo de vida, la Casa Blanca

también introdujo lo que denominó "hedónica" (*hedonics*, de la misma raíz que la palabra "hedonismo"). Por tantas décadas, descubrieron los comisionados de Clinton, los estadísticos habían pasado por alto el hecho de que el "placer" que los trabajadores y otros derivan de los bienes que compramos aumenta cuando se introducen nuevos modelos. Puede que los autos se encarezcan, pero ahora podemos abrir y cerrarlos con llave remota mientras nos acercamos al carro en el estacionamiento. Y cuando enviemos el próximo pago por esa nueva computadora, tengamos presente que su velocidad y memoria han aumentado, así que en realidad es más y más divertido, ¡y por lo tanto "cuesta" menos y menos!

¿Cuál es la conclusión de todo esto? Si bien se dedujo que la cifra oficial del gobierno estadounidense para la inflación anual a finales de 2007 era de 3.2 por ciento, habría sido 7 por ciento —*más del doble*— si se hubiese calculado con los métodos usados por cada administración desde los años 30. Y eso significa cientos de millones de dólares en ganancias adicionales para la clase patronal, la cual ahora paga a los trabajadores mucho menos en los ajustes por el costo de vida que se estipulan en los convenios salariales, así como en el Seguro Social, la salud, la indemnización por incapacidad y otros beneficios.

¿Qué significa para la vida cotidiana de la mayoría trabajadora en Estados Unidos? A principios de 2008, menos de medio año después de la cifra oficial de inflación que acabamos de mencionar, el gobierno norteamericano anunció que su llamado Índice del Precio al Consumidor había subido un poco, a una tasa anual del 4 por ciento. Pero un vistazo más cuidadoso a los mismos datos sobre los precios (aun usando los propios métodos chuecos del gobierno) re-

## La clase trabajadora norteamericana se está achicando

*Tasa de participación en la fuerza laboral 2000–2016*

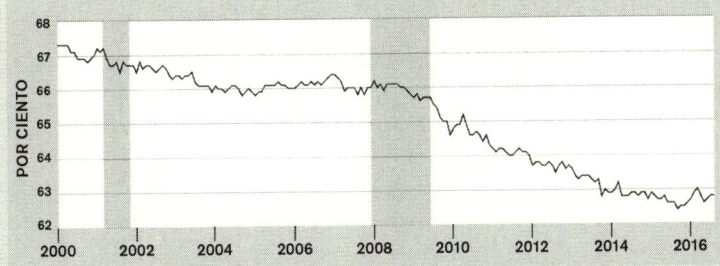

*Período de tiempo sin trabajo 2000–2016*

FUENTE: OFICINA DE ESTADÍSTICAS LABORALES DE EEUU

Una de las formas en que el gobierno maquilla sus cifras mensuales de desempleo es de reducir el porcentaje de los trabajadores (de 16 años y más) que cuenta como parte de la fuerza laboral. Desde que se agudizó la crisis capitalista en los últimos años, esa proporción ha caído: de más del 66 por ciento en 2008 al 62.8 por ciento en agosto de 2016.

Ese nivel es el más bajo desde 1977, cuando la tasa global (es decir, para hombres y mujeres) era más baja, ya que menos de la mitad de las mujeres de 16 años o más participaban en la fuerza laboral en ese entonces. A medida que las luchas de las mujeres y otros trabajadores echaron atrás la discriminación por género en el empleo, la tasa de participación en la fuerza laboral femenina subió hasta más del 60 por ciento a mediados de los años 90 y se mantuvo más o menos a ese nivel hasta la crisis de 2008, cayendo por debajo del 57 por ciento a partir de 2014.

El descenso en la tasa de participación laboral masculina ha sido especialmente abrupto: bajó del 87 por ciento en 1950 al 73 por ciento en 2008 y al 69 por ciento en 2016.

En cuanto a los intervalos de tiempo en que los trabajadores no tienen trabajo alguno —una experiencia grabada a fuego en la memoria de familias obreras— esos períodos promediaron en 13.5 semanas por año durante las seis décadas entre 1948 y 2008. Desde entonces, el promedio ha subido dos veces y media, a casi ocho meses.

vela que los costos de artículos necesarios como comestibles, gasolina y atención médica han aumentado en promedio más del 9 por ciento comparados a un año atrás.

Sin embargo, la administración del Seguro Social anunció que en 2008 los casi 50 millones de personas que reciben beneficios de jubilación recibirán un aumento por el "costo de vida" del 2.3 por ciento en sus cheques mensuales: unos míseros 24 dólares por mes para el beneficiario medio. Y decenas de millones de trabajadores serán afortunados si reciben algún ajuste salarial por la inflación en sus sueldos netos.

### ... y también falsificando las cifras de desempleo

Para ayudar a encubrir el creciente precio social causado por el sistema de ganancias, la administración Clinton sencillamente borró a millones de trabajadores desocupados de las cifras mensuales de desempleo del gobierno.

Los Clinton aprendieron este acto de desaparición de un anterior modelo de moralidad del Partido Demócrata. Durante el primer año de su presidencia en 1961, John F. Kennedy estaba preocupado por las repercusiones políticas que tendría un fuerte aumento en el desempleo ese año. Entonces nombró un comité para que buscara una solución: no una solución para poner a la gente a trabajar, sino para guardar mejor las apariencias. Unos años más tarde el gobierno federal les puso un rótulo a los trabajadores que no habían logrado encontrar empleo por tanto tiempo que habían dejado de buscar. Los llamó "trabajadores desalentados" y dejó de contarlos en las cifras de los desempleados. ¡*Voilà*! ¡La "tasa de desempleo" bajó de la noche a la mañana!

Clinton, quien también había enfrentado altos niveles de desempleo al comienzo de su primer mandato, lo llevó un poco más lejos. Aunque desde los años 60 los "trabajadores desalentados" no habían sido contados como desempleados, no obstante se les incluía en la fuerza laboral general. Eso evidentemente todavía revelaba demasiado sobre la verdadera situación que enfrentaba el pueblo trabajador. Entonces en 1994 la administración Clinton decidió que solo los trabajadores que habían buscado trabajo en los últimos 12 meses serían considerados como parte de la fuerza laboral. Así fue que Clinton, con un toque de la varita mágica, ¡desapareció de las estadísticas a millones más de trabajadores desempleados!

A pesar de las engañosas estadísticas "oficiales" de desempleo de Washington, la tasa de participación en la fuerza laboral ha estado disminuyendo desde su punto álgido de la posguerra: un poco más del 67 por ciento en 2001. Esa es la mejor medida entre los datos del gobierno sobre el

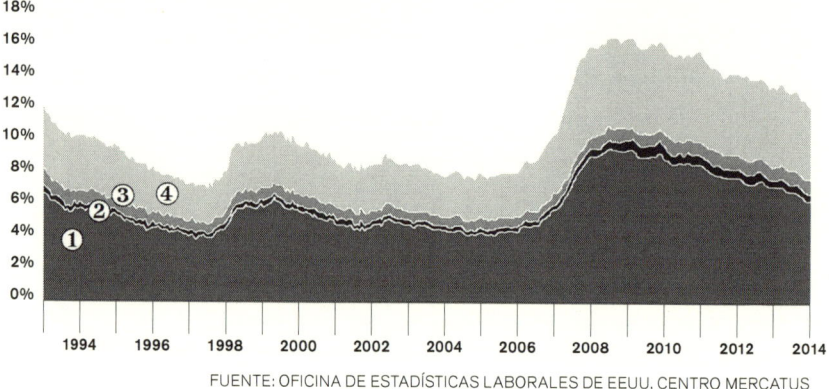

FUENTE: OFICINA DE ESTADÍSTICAS LABORALES DE EEUU, CENTRO MERCATUS

① La tasa "oficial" de desempleo ofrecida por el gobierno estadounidense. Es el porcentaje de los trabajadores contados como parte de la fuerza laboral civil que Washington cataloga como desempleados.

② Los "trabajadores desalentados" —el término con que Washington califica a los trabajadores desempleados que han buscado trabajo durante el último año pero no han encontrado nada por tanto tiempo que no se molestaron en buscar durante el mes anterior. Debido a una artimaña estadística de la administración Clinton, los trabajadores que no habían buscado trabajo durante el último año simplemente fueron excluidos de lo que Washington define como la fuerza laboral, y así hace desparecer a casi la mitad de los "trabajadores desalentados" de las cifras oficiales.

③ Los "trabajadores marginalmente adjuntos", el término con que Washington cataloga a los trabajadores desempleados que han buscado trabajo durante el pasado año pero no lo han hecho durante el previo mes por alguna razón. Los "trabajadores desalentados" representan una pequeña fracción de los "trabajadores marginalmente adjuntos".

④ Los trabajadores que laboran a tiempo parcial pero quieren un empleo a tiempo completo.

porcentaje de los trabajadores que realmente *tienen empleo* o están buscándolo, y que por lo tanto son incorporados a los cálculos sobre la tasa "oficial" de desempleo. Además, entre los que fueron contados como desempleados en abril de 2008, casi el 20 por ciento no habían tenido trabajo por más de seis meses.

Entonces, si bien los datos del gobierno sobre el desempleo son una ficción estadística, los crecientes millones de trabajadores que han sido "desaparecidos" de la fuerza laboral desde el 2000 *no lo son*. Son hombres y mujeres reales que no han podido obtener un trabajo estable, frecuentemente durante años.

# ÍNDICE

Aborto, derecho al, 41–46
   blanco central de lucha contra logros de la mujer, 41–42
   y Enmienda 14, 41–42
   restricciones federales, estatales y locales contra, 41–46
   *Roe contra Wade*, 41–43
Aduanas y Protección Fronteriza (CBP), 55
AFDC (Ayuda a Familias con Hijos Dependientes), 29, 36–38
Afganistán
   guerra norteamericana en (desde 2001), 14, 21, 78–79, 86–87
África, 14–15
*Age of Turbulence* (La era de la turbulencia) (Alan Greenspan), 83–84
Agroempresas, subsidios a, 66, 93
Albania, 63
Albright, Madeleine, 21
Alianza de la Juventud Socialista, 9
Asociación Nacional de Gobernadores, 80
*Atlantic* (revista), 35

Bahía de Cochinos, invasión apoyada por Washington (1961), 60

Bangladesh, 15
Bank of America, 85
Barnes, Jack, 9–10, 12, 24–25
Bear Stearns, colapso de, 82
*Between the World and Me* (Entre el mundo y yo) (Ta-Nehisi Coates), 34
Bosnia, 62, 66
Brown, Gordon, 96
Buchanan, Patrick, 39
Bulgaria, 63
Burger, Warren, 42
Bush, George H., 59, 67
Bush, George W., 19, 29, 41, 57–58, 59, 61, 70, 76, 83
   y la pena capital, 50–51
   y Tratado de Misiles Anti-Balísticos, 64

Calero, Róger, 79
*Capital, El* (Carlos Marx), 32
Caribe, 14
Castro, Raúl, 68–69
China, 49, 64–65, 86–88, 95
Chinos, ataques contra trabajadores, en Estados Unidos, 49
Chrysler, 85
CIA, 71
Cinco Cubanos, 22, 67–69
Citigroup, 95

Clark, Steve, 26
Clase trabajadora en Estados Unidos,
  caída de salarios, beneficios, 12, 16, 19, 72, 75, 92
  en el centro de la política, 11
  condiciones de trabajo, 16, 91–92
  desempleo, 32, 37, 75, 91–92
    cómo los Clinton falsificaron cifras, 101–5
  disciplina, combatividad y moral de, 15–16, 40
  hogares monoparentales, aumento en, 36–38
  inflación, su impacto en, 91–92
    cómo los Clinton falsificaron cifras, 97–102
  inmigrantes, condiciones de paria de, 16, 56
  su nivel de vida, brecha en, 33
  peso de deudas sobre, 83
  receptividad para debatir cuestiones políticas más amplias, 13, 24
  se está achicando, 101–2
  temor de gobernantes de la, 12, 23
  Ver también Inmigrantes
Clinton, "Bill"
  como gobernador de Arkansas (1979–81, 1983–92), 80
  Ver Clinton, Casa Blanca de los
Clinton, Casa Blanca de los (1993–2001), 19–20, 29–31, 79–82, 102–5
  "alquila" el dormitorio Lincoln, 76
  y condiciones económicas, 82, 92–96
    falsifica cifras de desempleo, 101–5
    falsifica costo de vida, 97–102

y el Congreso, 20–21, 50, 56, 62, 80–82, 95, 99
y los derechos democráticos, 54, 70–72, 78
sobre Estados Unidos como "nación indispensable", 20–21
Ley de Control de Crímenes Violentos y del Orden Público (1994), 51–52, 54
y nivel de vida de trabajadores, 29
  acabar con la "asistencia social tal como la conocemos" (1996), 11, 19, 29–38, 80
  "los mejores ocho años que hemos tenido en la historia moderna", 75
  recortes al Seguro Social, programas sociales, 12, 36, 79–80, 93
  Ver también Moynihan, Daniel Patrick
como presidencia antiinmigrante, 52, 55–56, 57–58
como presidencia bélica, 21, 29, 57–67
como presidencia pro-cárcel, 29, 50–53
como presidencia pro–pena de muerte, 11, 29, 80
  restricción al derecho de apelación, 59
  Ricky Ray Rector, ejecución de, 50, 54
Revolución Cubana, oposición a la, 21–22, 65–70
Clinton, Hillary
  defensa de relaciones sociales capitalistas por, 15–16
  "deplorables", "irredimibles", 11, 15
  "economía está mucho más fuerte" desde que Obama fue

elegido, 77–78
sobre las guerras
  apoyo durante 41 años de operaciones militares norteamericanas, 20–21, 79
  zona de "exclusión aérea" sobre Siria, 21
sobre Ley de Cuidado de Salud Asequible, 20
y Ley de Seguridad de la Salud (1993), 20
sobre pena capital, 20, 53–54
sobre el pueblo trabajador, 11–16, 23
Coates, Ta-Nehisi, 34–35
Colombia, 72
Comunismo, primera organización moderna del (1847), 25–26
Condiciones económicas en Estados Unidos, 11–13, 91–92
  caída de la bolsa de 1987, 86
  crisis de 2008–09 y secuelas
    debate al respecto en clase trabajadora norteamericana, 12–13, 24
    derivados, apalancamiento y, 84–86
    deudas, explosión de, 82–88, 93–96
    Greenspan culpado, 83
    como producto del funcionamiento mismo del capitalismo, 13
    reducciones en inversiones capitales que aumentan capacidad productiva, gastos de infraestructura, 78, 93
    rescate de 16 billones de dólares, 85
  inflación, 91–92
    cómo los Clinton falsificaron cifras, 98–102
  producción, caída de la, 13, 77–78
  recesión de 2001, 93
Condiciones económicas mundiales, 12–13
  crisis hipotecaria, Europa, 84
  depresión a fuego lento, 77–78
  recesión de 1974–75, 79
Congreso de Estados Unidos, 13, 16, 29, 40, 43, 71
y Casa Blanca de los Clinton, 20, 50, 56, 62, 80–82, 95, 99
Contrato con América, 31
Corea del Norte, 64–65
Corea del Sur, 64
Corte Suprema de Estados Unidos, 13, 41–43, 45–46, 49, 58
Crimea, invasión rusa a, 63
Crisis del ébola, 14–15
Croacia, 63
Cupones de alimentos, 30–31

Delincuencia, tasa de, descenso desde 1994, 38
Deportaciones, 20, 57–58, 78
  *Ver también* Inmigrantes, ataques del gobierno contra
Derecho al voto, 46–49
  y las Enmiendas 14 y 15, 47
  y la Reconstrucción Radical, 46–49
  restricciones al, 49, 52
Derechos civiles, movimiento pro, 12, 30, 32–33, 40, 43
Desempleo
  *Ver* Clase trabajadora en Estados Unidos
Director de Inteligencia Nacional, 71
  *Ver también* Espionaje, expansión del

Ecuador, 72
Ejecutivo Nacional de Contrainteligencia, 70–72
*Ver también* Espionaje, expansión del
Elecciones presidenciales en Estados Unidos (2016), 15–18
golpe a estabilidad del sistema partidista burgués, 16–17
no hay un "mal menor", 17
*Ver también* Clinton, Hillary; Hart, Osborne; Kennedy, Alyson; Partido Demócrata; Partido Republicano; Partido Socialista de los Trabajadores; Sanders, Bernie; Trump, Donald
Engels, Federico, 26, 32, 40
Enmienda Hyde (1976), 43
Enmiendas a Constitución estadounidense,
Cuarta Enmienda (1791), 70–72
Enmienda 14 (1868), 41–43, 47, 49
Enmienda 15 (1870), 47, 49
Entusiasmo en la propaganda, 26
Eslovaquia, 63
Eslovenia, 63
Espionaje, expansión del, 70–72
Estonia, 62–64
"E-Verify," 58

Familia, la, 13, 32, 35–36, 38
FBI, 67, 70–71
Fein, Dan, 81
Fernández, José Ramón, 59
Filipinas, 15
Fondo Monetario Internacional, 96
*Forbes* (revista), 85
Francia, 61, 64

Garner, Eric, 34
General Motors, 85
Gingrich, Newt, 31, 76
Goldman Sachs, 84, 94, 96
González, Elián, 69–70
González, Fernando, 67–69
González, René, 67–69
Gore, Albert, 62
Gran Depresión (años 30), 80
Greenspan, Alan, 83–84
Guatemala, 15
Guerra del Golfo (1991), 59
Guerra de Vietnam, 43, 61
Guerrero, Antonio, 67–69

Haití, epidemias del cólera, 14
Hart, Osborne, 23
*Hell's Kitchen* (Nueva York), 33
Hernández, Gerardo, 67–69
*Historial antiobrero de los Clinton, El* (Jack Barnes), 21, 26
Hogares monoparentales, aumento en, 36–38
Hungría, 62–64

Imperialismo británico, 64
Imperialismo estadounidense, 57–65
y derechos nacionales palestinos, 61
y expansión de la OTAN, 62–64
fuerzas armadas, transformación de las, 78, 92
como "nación indispensable", 20–21
napalm, lo usa por todo el mundo, 60–61
presupuesto bélico del, 14, 86–87, 92
refugiados creados por el, 14
sistemas contra misiles balísticos,

expansión de, 62-65
  Rusia, China, Corea del Norte como blancos del, 62-65
  y Yugoslavia, 61-62
Imperialismo francés, 61, 64
Incapacidad, beneficios por, 30
India, 65
Inflación, 91-92
  como los Clinton falsificaron cifras, 98-102
Inmigración y Control de Aduanas (ICE), 55
Inmigrantes, 33-34
  ataques del gobierno contra, 16, 55-59
    agencias policiacas, expansión de, 56
    centros de detención, condiciones en, 57-58
    deportaciones, 57-58, 78
    les niegan acceso a asistencia pública, 30
    Ley de Reforma a la Inmigración Ilegal y de Responsabilidad del Inmigrante (1996), 55, 59, 80
  condiciones de paria, 16, 56
  protestas contra deportaciones, 58
Inversiones que aumentan capacidad productiva, reducción en, 78, 93
Irán, 25, 65
Iraq, 65
  guerra de Washington en (desde 2003), 14, 21
Israel, 61

Japón, 65, 88, 95
Johnson, Andrew, 46
Johnson, Lyndon Baines, 32, 34, 80

JPMorgan Chase, 82, 84
Junta de Normas de Contabilidad Financiera
  y contabilidad "*mark to unicorn*" (valorar según el unicornio), 85

Kennedy, Alyson, 23, 79
King, Rodney, 38
Kosova, 62, 65
Kurdos, lucha de liberación de los, 81

Labañino, Ramón, 67-69
Lehman Brothers, 85
Letonia, 62-64
Ley de Antiterrorismo y Pena Capital Eficaz (1996), 11, 20, 56, 80
Ley de Control de Crímenes Violentos y del Orden Público (1994), 51-52, 54
Ley de Cuidado de Salud Asequible ("Obamacare", 2010), 19-20
Ley de Exclusión China (1882), 49
Ley de la Democracia Cubana (Ley Torricelli, 1992), 21-22, 67
Ley de la Libertad USA (2015), 71
  *Ver también* Espionaje, expansión del
Ley del Derecho al Voto (1965), 50
Ley de Libertad y Solidaridad Democrática Cubana (Ley Helms-Burton, 1996), 21-22, 67
Ley de Modernización de Servicios Financieros (1999), 94-95
Ley de Reconciliación de la Responsabilidad Personal y

la Oportunidad de Empleo (1996), 29–30
*Ver también* Clinton, Casa Blanca de los (1993–2001), y nivel de vida de trabajadores
Ley de Seguridad de la Salud (1993), 20
Ley Glass-Steagall, 94–96
Ley Helms-Burton (1996), 22, 67
Ley Patriota (2001), 71
*Ver también* Espionaje, expansión del
Ley Torricelli (1992), 21, 67
Libia, 21
"Limitando la definición de conducta desviada" (Daniel Patrick Moynihan), 38–40
Lituania, 62–64
Los Ángeles, estallido social en (1992), 38

Malcolm X, 10, 40
*Malcolm X, la liberación de los negros y el camino al poder obrero* (Jack Barnes), 25
*Manifiesto Comunista, El* (Carlos Marx, Federico Engels), 26
Martin, Mary, 81
Marx, Carlos, 26, 32, 40, 84
McAuliffe, Terry, 55
McCain, John, 78–79
Medicaid, Medicare, 30–31
Moynihan, Daniel Patrick, 31–40
sobre abandono de "niños dependientes", 19, 31–32, 35–36
sobre prisiones, pena capital, 39–40
"Revisando el informe de Moynihan (continuación)" (Ta-Nehisi Coates), 35
sobre tasa de delincuencia y desempleo entre varones jóvenes, 38
sobre tugurios obreros irlandeses del siglo XIX, 33, 38
*Ver también* "Limitando la definición de conducta desviada", *La familia negra: Razones para tomar acción nacional*

Napalm, 60–61
*Negro Family: The Case for National Action (La familia negra: Razones para la acción nacional)* (Daniel Patrick Moynihan), 32–34
Negros, lucha por derechos de los, 12, 29–40, 43, 46–47
*Ver también* Derecho al voto; Enmiendas a Constitución estadounidense; Reconstrucción Radical
Negros, su opresión nacional en Estados Unidos, 33–34, 38
brecha en condiciones de vida, 33
Nigeria, 15
Nixon, Richard, 35, 42
Normas y valores morales de gobernantes capitalistas, 18
*Nueva Internacional*, revista, 24
Nuevo Trato, 79–80

Obama, Barack
aumento del presupuesto bélico por, 92
continúa política de la Casa Blanca de los Clinton, 19, 71, 75
la economía "está de lo más bien ahora" (marzo 2016), 77
expansión de la OTAN por, 64

y la guerra en Afganistán, 79
y Ley Patriota y Ley de la Libertad USA (2015), 71
mantiene embargo contra Cuba, 69
como partidario de pena de muerte, 53
"remociones" de inmigrantes alcanza récord, 58
"Obamacare"
Ver Ley de Cuidado de Salud Asequible
Opresión nacional, 34
Oro, manipulación de su precio por Estados Unidos 96–99
OTAN, expansión hacia frontera de Rusia, 62–64

Pacto de Varsovia, 78, 92
Pakistán, 21, 65
Palestina, 61
Partido Demócrata
aseguró derrota del reto electoral de Bernie Sanders, 18
y juego bipartidista capitalista, 15–19, 75–76, 79–80
Partido Republicano, 29, 31, 39, 55, 80
y el juego bipartidista capitalista, 16–19, 76
Partido Socialista de los Trabajadores, 9, 12, 23, 29, 79, 81
Pena de muerte
Ver Sistema de "justicia" penal
Plan de Asistencia Familiar, 35
"Plan Filadelfia" (administración Nixon), 35
Playa Girón
Ver Bahía de Cochinos
Pobreza, aumento de familias que viven bajo nivel de, 35–36

Policía, muertes y brutalidad por la, 34–35, 38, 58
Polonia, 62–64
Préstamos estudiantiles, 52
Prisiones
Ver Sistema de "justicia" penal
Puerto Rico, 14, 67

Reagan, Ronald, 83
Reconstrucción Radical, 34, 46–47
Ver también Derecho al voto
Rector, Ricky Ray, 50, 54
Reed contra Reed (1971), 42–43
"Reforma" de la asistencia social, 30–31
ataques de los Clinton contra, 29–38
Ver también AFDC; Cupones de alimentos; Medicaid, Medicare; Plan de Asistencia Familiar; SSI; TANF
Refugiados, 14, 16
Reino Unido, 64, 96
República Checa, 62–63
Resentimiento, política reaccionaria del, 24
Reserva Federal, Banco de la, 13, 82, 84, 86
"Revisando el informe de Moynihan (continuación)" (Ta-Nehisi Coates), 35
Revolución Cubana, 21–23, 40–41
atención médica transformada por, 23
defensa de, 22, 65–70
ejemplo de la, temido por clase dominante estadounidense, 22–23
medidas de Washington contra Elián González, negativa de devolver a (1999–2000), 69–70

intensificación del embargo (1992, 96), 21–22, 67
invasión derrotada en Playa Girón (1961), 60, 65
Ley Helms-Burton (1996), 67
Ley Torricelli (1992), 21, 67
y relaciones diplomáticas con Estados Unidos, 69
Rice, Tamir, 34
*Roe contra Wade*, fallo judicial sobre derecho al aborto (1973), 41–43
Roosevelt, Franklin D., 80
Rubin, Robert, 76, 94–96
Rumania, 63–64
Rusia, 21, 61–64, 92
Ver también OTAN

Salomon Smith Barney, 95
Sanders, Bernie, 18, 23
Segregación *Jim Crow*, 47
Seguro Social, 30, 36, 72, 93, 100, 102
Serbia, 62, 66
Servicio de Inmigración y Naturalización (INS), 55–56, 69–70
Siria, 14, 21
Sistema de "justicia" penal, 11, 20, 50–54
confinamiento solitario, 51
detención basada en "pruebas secretas", 78
ley de los "tres *strikes*", 51–52
negros, latinos, indígenas son objetos del, 11–12, 51, 53
y pena de muerte, 11–12, 20, 29, 50–52, 56–59, 80, 93
Daniel Patrick Moynihan sobre, 39–40

principal carcelero del mundo, gran verdugo, 51–53
privación de derechos a ex presos, 52–55
*Situación de la clase obrera en Inglaterra en 1844, La* (Federico Engels), 32
Somalia, 14, 21
*¿Son ricos porque son inteligentes? Clase, privilegio y aprendizaje en el capitalismo* (Jack Barnes), 25
Spielberg, Steven, 76
SSI (Ingreso Suplementario de Seguridad), 30
Stalin, José, 62
Streisand, Barbra, 76
Sudáfrica, 47
Sudán, 14
Summers, Lawrence, 76, 94–96

TANF (Asistencia Temporal para Familias Necesitadas), 30, 37
"Tarjeta verde", 30–31
Tratado de Misiles Anti-Balísticos (1972), 64
Travelers, compañía de seguros, 95
Trump, Donald, 15, 18, 20

Ucrania, 64
Unión Soviética, colapso de (1991), 76–78, 92
Ver también Rusia

Yemen, 14
*Young Socialist*, 10
Yugoslavia, 21, 62, 66, 86

Zika, virus del, 14

# TAMBIÉN DE JACK BARNES

## Malcolm X
## la liberación de los negros
## y el camino al poder obrero

Sobre el creciente reconocimiento de Malcolm X como dirigente revolucionario del pueblo trabajador de todos los colores, en Estados Unidos y el mundo. Y cómo la conquista revolucionaria del poder estatal por una vanguardia con conciencia de clase, en sus millones, ofrece el arma más poderosa para librar la batalla para poner fin a la opresión de los negros y a todas las formas de explotación y degradación humana.
US$20. También en inglés, francés, persa, árabe y griego.

*Tomo complementario*
## El rostro cambiante de la política en Estados Unidos
*La política obrera y los sindicatos*
US$24. También en inglés, francés, persa y griego.

## Cuba y la revolución norteamericana que viene

Trata sobre las luchas del pueblo trabajador en el corazón del imperialismo, los jóvenes atraídos a ellas y el ejemplo del pueblo cubano de que una revolución no solo es necesaria, se puede hacer. Trata sobre la lucha de clases en Estados Unidos, donde los gobernantes descartan el potencial revolucionario de los trabajadores y agricultores tan rotundamente como descartaron el del pueblo trabajador cubano. Y de forma igualmente errada.
US$10. También en inglés, francés y persa.

**WWW.PATHFINDERPRESS.COM**

# ¡Lo deplorable es su sistema

Tres libros para el creciente debate entre trabajadores que buscan un camino para avanzar ante la calamidad económica y social global del capitalismo y sus guerras.

## ¿Son ricos porque son inteligentes?

### Clase, privilegio y aprendizaje en el capitalismo

**Jack Barnes**

Barnes explica las crecientes desigualdades de clase en Estados Unidos y expone las justificaciones de una capa de profesionales bien remunerados, quienes creen que su "brillantez" y formación los califica para "regular" la vida del pueblo trabajador, ya que no se puede confiar en que nosotros sepamos qué nos conviene. En las batallas de clase que nos impondrán los gobernantes, empezaremos a transformar nuestras actitudes hacia la vida, hacia el trabajo y entre nosotros mismos.

US$10. También en inglés y francés.

# ...y no nosotros!

## ¿Es posible una revolución socialista en Estados Unidos?

Un debate necesario entre el pueblo trabajador

**Mary-Alice Waters**

Un "Sí" inequívoco es la respuesta que da Waters. Posible, pero no inevitable. Eso depende de nosotros. Al luchar por una sociedad que solo el pueblo trabajador puede crear, lo que descubriremos son nuestras propias capacidades, y no la falsa imagen de nosotros promovida por quienes se benefician de la explotación de nuestro trabajo.

US$10. También en inglés, francés y persa.

## El historial antiobrero de los Clinton

Por qué Washington le teme al pueblo trabajador

**Jack Barnes**

Hillary Clinton califica a millones de trabajadores como "deplorables", "irredimibles". Donald Trump trata de enfrentarnos a unos contra otros, atacando a mexicanos, musulmanes, mujeres y a quien sea. Pero como explica Barnes, ¡lo deplorable es su *sistema*, no *nosotros*! A medida que los trabajadores empecemos a reconocer que el *capitalismo* es la causa de la crisis cuyo peso nos han obligado a cargar, vamos a ser capaces de trazar un curso eficaz para resistir los ataques de los gobernantes, *y vencer*.

US$10. También en inglés, francés y persa.

**WWW.PATHFINDERPRESS.COM**

# La lucha de clases

**50 años de operaciones encubiertas en EE.UU.**
*La policía política de Washington y la clase obrera norteamericana*
Larry Seigle, Farrell Dobbs, Steve Clark
Describe décadas de luchas que trabajadores de vanguardia han librado contra la ampliación de los poderes presidenciales y el fortalecimiento del estado de "seguridad nacional" que es esencial para el dominio capitalista. US$12. También en inglés y persa.

**"Son los pobres quienes enfrentan el salvajismo del sistema de 'justicia' en EE.UU."**
*Los Cinco Cubanos hablan sobre su vida en la clase trabajadora norteamericana*
Cinco revolucionarios cubanos, que estuvieron presos 16 años bajo cargos fabricados por Washington, hablan de sus experiencias como parte de la clase obrera de Estados Unidos. Y de las perspectivas de la revolución socialista cubana. Incluye 24 páginas de fotos.
US$15. También en inglés y persa.

**Malcolm X habla a la juventud**
"La joven generación de blancos, negros, morenos y demás, ustedes están viviendo en una época de revolución", dijo Malcolm en diciembre de 1964. "Me sumo a quien sea, no me importa del color que sea, siempre que quieras cambiar las condiciones miserables que existen en esta Tierra". Cuatro charlas y una entrevista ofrecidas a los jóvenes en los últimos meses de su vida.
US$15. También en inglés, francés, persa y griego.

# en Estados Unidos

### Política Teamster
**Farrell Dobbs**
Un dirigente central de las batallas relatadas aquí explica cómo, en los años 30, la dirección del Local 544 del sindicato de camioneros Teamsters en Minneapolis combatió casos fabricados por el gobierno, organizó a los desempleados, promovió la oposición al ingreso del imperialismo norteamericano a la Segunda Guerra Mundial y luchó para que el movimiento obrero emprendiera un camino político independiente de clase. Más de 80 fotos e ilustraciones.
US$19. También en inglés.

### Ha comenzado el invierno largo y caliente del capitalismo
**Jack Barnes**
Publicado cuando se formaban las nubes tormentosas de la crisis financiera de 2008, Barnes explica que la crisis capitalista global de hoy es la etapa inicial de décadas de convulsiones económicas, financieras y sociales y de batallas de clases. Los trabajadores con conciencia de clase necesitamos trazar un curso revolucionario para afrontar esta coyuntura histórica del imperialismo. En *Nueva Internacional* no. 6.
US$16. También en inglés, francés, persa, árabe y griego.

### Puerto Rico: La independencia es una necesidad
**Rafael Cancel Miranda**
Uno de los cinco independentistas encarcelados por Washington por más de 25 años hasta 1979 habla sobre la realidad brutal del coloniaje norteamericano, la campaña para liberar a los presos políticos puertorriqueños, el ejemplo de la revolución socialista cubana y la lucha actual por la independencia.
US$6. También en inglés y persa.

**WWW.PATHFINDERPRESS.COM**

# También de Pathfinder

**El Manifiesto Comunista**
Carlos Marx y Federico Engels
El documento de fundación del movimiento obrero revolucionario moderno, publicado en 1848. Explica por qué el comunismo no es un conjunto de principios preconcebidos, sino la línea de marcha de la clase trabajadora hacia el poder, que surge de "las condiciones reales de una lucha de clases existente, de un movimiento histórico que se está desarrollando ante nuestros ojos".
US$5. También en inglés, francés, árabe y persa.

**La verdad sobre Yugoslavia**
George Fyson, Argiris Malapanis, Jonathan Silberman

Sobre cómo los gobernantes norteamericanos, en colaboración con sus rivales y aliados de la OTAN, usaron bombas y misiles de crucero para destruir la unificación nacional, conquista de la Revolución Yugoslava. Al hacer esto Washington fortaleció su posición como la predominante potencia militar "europea". En inglés y griego.
US$10

**La última lucha de Lenin**
*Discursos y escritos, 1922–23*
V.I. Lenin

En 1922 y 1923, V.I. Lenin, dirigente central de la primera revolución socialista en el mundo, libró lo que sería su última batalla política. Lo que estaba en juego era si esa revolución, y el movimiento internacional que esta dirigía, mantendría el curso proletario que había llevado al poder a los trabajadores y campesinos en octubre de 1917.
US$20. También en inglés y griego.

## Cuba y Angola
*Luchando por la libertad de África y la nuestra*
Fidel Castro, Raúl Castro, Nelson Mandela

En 1988, combatientes cubanos, angolanos y namibios en Angola asestaron una aplastante derrota al ejército del régimen sudafricano del apartheid. Aquí, dirigentes y protagonistas relatan esta misión internacionalista de 16 años, que también fortaleció a la Revolución Cubana.
US$12. También en inglés.

## Continuidad revolucionaria:
*Liderazgo marxista en Estados Unidos*
Los primeros años, 1848–1917

"Generaciones sucesivas de militantes proletarios han participado en los movimientos de la clase trabajadora y sus aliados y han luchado para conducirlos por el camino correcto... Los marxistas de hoy no solo debemos rendirles homenaje por sus acciones. También tenemos el deber de aprender de lo que hicieron mal y de lo que hicieron bien para que sus errores no sean repetidos". — *Farrell Dobbs*.
En inglés.
US$20

## La revolución traicionada
*¿Qué es y adónde va la Unión Soviética?*
León Trotsky

En 1917 los trabajadores y campesinos de Rusia fueron la fuerza motriz de una de las revoluciones más profundas de la historia. Sin embargo, al cabo de 10 años, una capa social privilegiada cuyo principal vocero era José Stalin estaba consolidando una contrarrevolución política. Un estudio clásico sobre el estado obrero soviético y su degeneración.
US$20. También en inglés, persa y griego.

**WWW.PATHFINDERPRESS.COM**

### Los cañonazos iniciales de la Tercera Guerra Mundial
**Jack Barnes**

La guerra asesina de Washington contra Iraq en 1991 anunció conflictos entre las potencias imperialistas, una creciente crisis capitalista y más guerras. El pueblo trabajador en la región — desde los kurdos hasta Palestina e Israel, Irán, Iraq y Siria — luchan por espacio político para defender sus derechos nacionales y sus intereses de clase. En *Nueva Internacional* no. 1. US$16. También en inglés, francés y persa.

### La revolución granadina, 1979–83
*Discursos de Maurice Bishop y Fidel Castro*

El triunfo de la revolución en la isla caribeña de Granada en 1979 bajo la dirección de Maurice Bishop dio esperanzas a millones en el continente americano. Valiosas lecciones sobre el gobierno de trabajadores y agricultores que fue derrocado en 1983 en un golpe de estado estalinista.
US$10

### La emancipación de la mujer y la lucha africana por la libertad
**Thomas Sankara**
Prefacio de Mary-Alice Waters

"No existe una verdadera revolución social sin la liberación de la mujer", explica Sankara, dirigente central de la revolución de 1983–87 en Burkina Faso. US$8. También en inglés, francés y persa.

# La revolución socialista cubana

### Las mujeres en Cuba
*Haciendo una revolución dentro de la revolución*
**Vilma Espín, Asela de los Santos, Yolanda Ferrer**
La integración de la mujer a las filas y a la dirección de estas batallas no fue una aberración. Fue parte íntegra de la trayectoria proletaria de la dirección de la Revolución Cubana desde el principio. Este libro es la historia de esa revolución y cómo transformó a las mujeres y a los hombres que la hicieron.
US$20. También en inglés y griego.

### El imperialismo norteamericano ha perdido la Guerra Fría
**Jack Barnes**
Al contrario de las expectativas imperialistas tras la caída de los regímenes autoproclamados comunistas en Europa oriental y la URSS, la Revolución Cubana no siguió ese rumbo. Los trabajadores cubanos y su dirección han seguido mostrando al mundo lo que significa una revolución socialista. En *Nueva Internacional* no. 5
US$16. También en inglés, francés, persa y griego.

### Playa Girón/Bay of Pigs
*Primera derrota militar de Washington en América*
**Fidel Castro, José Ramón Fernández**
En menos de 72 horas de combate en abril de 1961, las fuerzas armadas revolucionarias de Cuba derrotaron una invasión de 1 500 mercenarios organizada por Washington. El pueblo cubano sentó un ejemplo para los trabajadores, agricultores y jóvenes en todo el mundo: que dotados de conciencia política, solidaridad de clase, valentía y una dirección revolucionaria, es posible hacer frente a un poderío enorme y a probabilidades aparentemente irreversibles y vencer.
US$22. También en inglés.

**WWW.PATHFINDERPRESS.COM**

# PATHFINDER EN EL MUNDO

Visite nuestro sitio web para una lista completa de títulos
y hacer pedidos

# www.pathfinderpress.com

DISTRIBUIDORES DE PATHFINDER

### ESTADOS UNIDOS
*(y América Latina, el Caribe y el este de Asia)*

Libros Pathfinder, 306 W. 37th St., 13º piso
Nueva York, NY 10018

### CANADÁ

Libros Pathfinder, 7107 St. Denis, suite 204
Montreal, QC, H2S 2S5

### REINO UNIDO
*(y Europa, África, Oriente Medio y el sur de Asia)*

Pathfinder Books, 83 Kingsland High Street, 2º piso
Dalston, Londres, E8 2PB

### AUSTRALIA
*(y el sureste de Asia y Oceanía)*

Pathfinder, 1$^{er}$ nivel, 3/281–287 Beamish St., Campsie, NSW 2194
Dirección Postal: P.O. Box 164, Campsie, NSW 2194

### NUEVA ZELANDA

Pathfinder, 188a Onehunga Mall, Onehunga, Auckland 1061
Dirección Postal: P.O. Box 3025, Auckland 1140

**Afíliese al Club de Lectores de Pathfinder**
para obtener un 15% de descuento en todos los títulos de la Pathfinder y mayores descuentos en ofertas especiales. Inscríbase en www.pathfinderpress.com o a través de los distribuidores listados arriba.
US$10 al año